电子商务专业校企双元育人教材系列

全国现代学徒制工作专家指导委员会指导

网店客户服务与管理

ELECTRONIC COMMERCE

主　编	张雪荣	河北化工医药职业技术学院
	徐　艳	北京好药师大药房连锁有限公司
副主编	于玉环	河北化工医药职业技术学院
	王　朋	山东云媒互动网络科技有限公司
	岳　甜	邯郸市肥乡区职业技术教育中心
编　委	王子建	河北化工医药职业技术学院
	袁修月	河北化工医药职业技术学院
	吕　丽	河北旅游职业学院
	王　颖	河北商贸学校
	王海艳	卢龙县职业教育技术中心
	易　佩	石家庄市机械技工学校
	黄海力	北京农业职业学院
	楚洪阳	北京好药师大药房连锁有限公司
	刘　伟	北京好药师大药房连锁有限公司
	曾金华	厦门一课信息技术服务有限公司
	乐传显	厦门一课信息技术服务有限公司

復旦大學出版社

内容提要

本教材是电子商务专业校企双元育人教材系列之一，全书分为4个模块11个项目30个任务。模块一为网店客服基础，主要内容为熟悉淘宝及京东平台规则、客服必备的专业知识和能力，以及淘宝、京东客服常用工具的使用，重点介绍了客服人员在日常工作中的常用工具及操作使用步骤。模块二为网店客服工作流程，基于淘宝的千牛工作台以及京东的京麦工作台，重点介绍了网店客服的工作流程以及平台的各功能设置操作步骤。模块三为网店客服沟通技巧，通过大量经典的案例讲解客服工作的售前、售中及售后3个阶段面对客户不同情况时进行有效沟通的技巧及流程。模块四为客户关系管理，对淘宝及京东的客户运营平台进行详细的介绍和步骤演示，能够掌握客户管理流程，对老客进行营销维护。通过各真实工作任务的学习，使学生能够掌握网店客户服务与管理的操作流程，具备成为一名合格的网店客服人员的必备素养和基本技能。

本教材适用于电子商务相关专业，主要面向网店客服、电商运营等企业岗位。

本套系列教材配有相关的课件、视频等，欢迎教师完整填写学校信息来函免费获取：xdxtzfudan@163.com。

序言 FOREWORD

　　党的十九大要求完善职业教育和培训体系,深化产教融合、校企合作。自2019年1月以来,党中央、国务院先后出台了《国家职业教育改革实施方案》(简称"职教20条")、《中国教育现代化2035》《关于加快推进教育现代化实施方案(2018—2022年)》等引领职业教育发展的纲领性文件,为职业教育的发展指明道路和方向,标志着职业教育进入新的发展阶段。职业教育作为一种教育类型,与普通教育具有同等重要地位,基于产教深度融合、校企合作人才培养模式下的教师、教材、教法"三教"改革,是进一步推动职业教育发展,全面提升人才培养质量的基础。

　　随着智能制造技术的快速发展,大数据、云计算、物联网的应用越来越广泛,原来的知识体系需要变革。如何实现职业教育教材内容和形式的创新,以适应职业教育转型升级的需要,是一个值得研究的重要问题。国家职业教育教材"十三五"规划提出遵循"创新、协调、绿色、共享、开放"的发展理念,全面提升教材质量,实现教学资源的供给侧改革。"职教20条"提出校企双元开发国家规划教材,倡导使用新型活页式、工作手册式教材并配套开发信息化资源。

　　为了适应职业教育改革发展的需要,全国现代学徒制工作专家指导委员会积极推动现代学徒制模式下之教材改革。2019年,复旦大学出版社率先出版了"全国现代学徒制医学美容专业'十三五'规划教材系列",并经过几个学期的教学实践,获得教师和学生们的一致好评。在积累了一定的经验后,结合国家对职业教育教材的最新要求,又不断创新完善,继续开发出不同专业(如工业机器人、电子商务等专业)的校企合作双元育人活页式教材,充分利用网络技术手段,将纸质教材与信息化教学资源紧密结合,并配套开发信息化资源、案例和教学项目,建立动态化、立体化的教材和教学资源体系,使专业教材能够跟随信息技术发展和产业升级情况,及时调整更新。

校企合作编写教材,坚持立德树人为根本任务,以校企双元育人,基于工作的学习为基本思路,培养德技双馨、知行合一,具有工匠精神的技术技能人才为目标。将课程思政的教育理念与岗位职业道德规范要求相结合,专业工作岗位(群)的岗位标准与国家职业标准相结合,发挥校企"双元"合作优势,将真实工作任务的关键技能点及工匠精神,以"工程经验""易错点"等形式在教材中再现。

校企合作开发的教材与传统教材相比,具有以下三个特征。

1. 对接标准。基于课程标准合作编写和开发符合生产实际和行业最新趋势的教材,而这些课程标准有机对接了岗位标准。岗位标准是基于专业岗位群的职业能力分析,从专业能力和职业素养两个维度,分析岗位能力应具备的知识、素质、技能、态度及方法,形成的职业能力点,从而构成专业的岗位标准。再将工作领域的岗位标准与教育标准融合,转化为教材编写使用的课程标准,教材内容结构突破了传统教材的篇章结构,突出了学生能力培养。

2. 任务驱动。教材以专业(群)主要岗位的工作过程为主线,以典型工作任务驱动知识和技能的学习,让学生在"做中学",在"会做"的同时,用心领悟"为什么做",应具备"哪些职业素养",教材结构和内容符合技术技能人才培养的基本要求,也体现了基于工作的学习。

3. 多元受众。不断改革创新,促进岗位成才。教材由企业有丰富实践经验的技术专家和职业院校具备双师素质、教学经验丰富的一线专业教师共同编写。教材内容体现理论知识与实际应用相结合,衔接各专业"1+X"证书内容,引入职业资格技能等级考核标准、岗位评价标准及综合职业能力评价标准,形成立体多元的教学评价标准。既能满足学历教育需求,也能满足职业培训需求。教材可供职业院校教师教学、行业企业员工培训、岗位技能认证培训等多元使用。

校企双元育人系列教材的开发对于当前职业教育"三教"改革具有重要意义。它不仅是校企双元育人人才培养模式改革成果的重要形式之一,更是对职业教育现实需求的重要回应。作为校企双元育人探索所形成的这些教材,其开发路径与方法能为相关专业提供借鉴,起到抛砖引玉的作用。

全国现代学徒制工作专家指导委员会主任委员
广东建设职业技术学院校长

博士,教授

2020 年 7 月

前言 PREFACE

本教材是电子商务专业校企双元育人教材系列之一,主要遵循职业教育的原则与特点,根据电子商务专业人才培养要求与培养计划,以真实工作案例作为学习素材,突出能力培养。通过教、学、演、练等方式,利用互动式、参与式教学方法,提升学生在课堂中的主体地位,帮助他们认识和了解客户服务与管理过程中应该遵循的标准,使此次教学成为学生职业素质成长的一次有效过程。

本教材以客户的重要性为立足点,通过本课程的学习,培养学生树立先进的客户服务理念,掌握客户服务与管理的技能,培养学生良好的表达能力和沟通能力,使学生能够在客户服务岗位上完成受理客户咨询、促成客户交易、处理客户退换货及投诉等工作。为学生毕业后直接上岗从事客户服务工作奠定了理论和实操基础。通过每个真实工作任务的学习,使学生能够掌握网店客户服务与管理的操作流程,具备成为一名合格网店客服人员的基本素养和基本技能。

全书分为 4 个模块 10 个项目 30 个任务。模块一为网店客服基础,主要内容为熟悉淘宝、天猫及京东平台的行业管理规范、七天无理由退货规范等规则,掌握客服必备的网店、安全以及物流知识,学会交易流程的操作,能够通过辨别客户心理进行有效沟通促成下单。同时重点介绍客服人员在日常工作时常用工具的操作,如千牛/京麦工作台、卖家中心、京麦咚咚等工具的使用。模块二为网店客服工作流程,主要讲解网店客服分别通过淘宝的千牛工作台以及京东的京麦工作台如何进行聊天回复、建群打标、分组管理、订单核对与修改、订单退换货及评价等功能的设置来帮助日常工作的运行。模块三为网店客服沟通技巧,讲解客服工作的售前、售中及售后 3 个阶段,面对客户出现的物流问题、退换货问题、中差评及投诉问题等不同情况如何进行有效沟通的技巧,同时结合大量的案例进行问题处理沟通的流程演示。

模块四为客户关系管理,通过对淘宝及京东的客户运营平台各功能板块进行详细的介绍和步骤演示,能够掌握客户管理流程,学会运用支付宝红包、优惠券关怀及自定义营销等功能设置对老客户进行营销维护的客户管理。书中配有大量操作步骤图片和动态视频,部分放在二维码里,学生随时可以扫码观看学习。

教材由张雪荣和徐艳担任主编,负责全书的整体设计和总纂定稿,并组织具有丰富经验的专业教师和企业专家共同编写。具体编写情况如下:模块一的项目一由于玉环、王颖编写,项目二由王朋、刘伟编写;模块二的项目三、四由张雪荣编写;模块三的项目五由易佩、曾金华编写,项目六由岳甜、王海艳编写,项目七由徐艳、楚洪阳编写,项目八由吕丽、黄海力编写;模块四的项目九由袁修月编写,项目十由王子建、乐传显编写。

本教材在编写过程中,得到全国现代学徒制工作专家指导委员会专家的全程精心指导,得到河北省中高职教师素质协同提升项目"名师工作室(电子商务)"2017级国培班成员及其学校、厦门一课信息技术服务有限公司等企业的帮助与指导。在此,对各位专家、老师们的辛勤工作表示衷心的感谢!

由于编者水平有限、时间仓促,编写过程中难免出现纰漏之处,欢迎各位读者批评指正!

目　录

模块一　网店客服基础

项目一　熟悉各平台规则 ················· 1-1
　　任务一　阅读京东及淘系平台规则 ············· 1-2
　　任务二　熟悉客服必备的专业知识和能力 ········ 1-6
项目二　熟悉客服常用工具的使用 ············ 2-1
　　任务一　熟悉淘宝客服常用工具的使用 ·········· 2-2
　　任务二　熟悉京东客服常用工具的使用 ········· 2-18

模块二　网店客服工作流程

项目三　淘宝客服工作流程 ················ 3-1
　　任务一　好友分组及聊天回复设置 ············· 3-2
　　任务二　千年建群打标与分级管理 ············· 3-9
　　任务三　物流及运费模板设置 ··············· 3-14
　　任务四　千牛订单核对与修改 ··············· 3-18
　　任务五　订单发货及查询跟踪 ··············· 3-24
　　任务六　订单退换货及订单评价 ·············· 3-30
项目四　京东客服工作流程 ················ 4-1
　　任务一　好友分组及聊天回复设置 ············· 4-2
　　任务二　京麦建群打标与分级管理 ············· 4-7
　　任务三　物流及运费模板设置 ··············· 4-12
　　任务四　京麦订单核对与修改 ··············· 4-16
　　任务五　订单发货及查询跟踪 ··············· 4-21
　　任务六　订单退换货及订单评价 ·············· 4-27

模块三 网店客服沟通技巧

项目五　售前客服沟通技巧 ················· 5-1
　　任务一　产品介绍沟通技巧 ················· 5-2
　　任务二　消除客户疑虑的沟通技巧 ············· 5-10
　　任务三　应对讲价沟通技巧 ················· 5-19

项目六　售中客服沟通技巧 ················· 6-1
　　任务一　处理物流沟通技巧 ················· 6-2
　　任务二　处理退换货沟通技巧 ··············· 6-11

项目七　售后客服沟通技巧 ················· 7-1
　　任务一　处理中差评沟通技巧 ··············· 7-2
　　任务二　处理投诉沟通技巧 ················· 7-9

项目八　客服话术模拟训练 ················· 8-1
　　任务一　售前客服话术模拟训练 ·············· 8-2
　　任务二　售中客服话术模拟训练 ·············· 8-9
　　任务三　售后客服话术模拟训练 ·············· 8-16

模块四 客户关系管理

项目九　熟悉客户运营平台 ················· 9-1
　　任务一　熟悉淘宝客户运营平台 ·············· 9-2
　　任务二　熟悉京东客户运营平台 ·············· 9-18

项目十　熟悉客户管理流程 ················· 10-1
　　任务一　客户管理 ······················· 10-2
　　任务二　智能营销管理流程 ················· 10-7

附录 ································· 001

模块一
网店客服基础

随着众多电商平台的兴起,开网店成为一个新兴事业,三只松鼠、百草味、良品铺子等品牌更是在电商平台中一炮而红,也让很多品牌开始尝试新的营销模式,网上药店、网上健身等比比皆是。在网店经营中,网店客服作为一个全新的职业,决定着一家网店生意的好坏,在网店中起着关键作用。

项目一　熟悉各平台规则

众多电商平台同台竞技,京东、淘宝、拼多多、苏宁等多个平台在客户争夺战中的手段层出不穷。古话说"无规矩不成方圆",每个平台也有相应的规则,作为一个网店客服,对平台的规则也必须熟读谨记,以防触犯而对网店造成损失。

本项目将介绍京东及淘系平台的规则,并掌握客服必备的专业知识和能力。

任务一　阅读京东及淘系平台规则

学习目标

1. 掌握淘系平台规则。
2. 掌握京东平台规则。

任务描述

作为零售电商的领头羊,京东和淘系平台每天都在接受许多新商家的加入。店铺在运营的过程中首先需要遵守国家法律法规,其次要遵守平台规则,平台规则起到规范用户行为、维护买卖双方利益的作用。作为运营者,平台规则必须铭记于心,只有熟悉平台规则,才能避免在日常工作中给店铺带来不必要的损失。

本任务通过阅读京东和淘系平台规则相关文章来逐渐了解入门规则。

任务分析

京东和淘系平台都拥有上亿的消费人群,如何做一个合格的店铺来满足消费用户需求,作为店铺的运营人员必须熟悉平台的规则,才能让自己的店铺越做越好。因此,熟悉和遵守平台的规章制度就成了第一步,便于在运营店铺中出现问题的时候可以第一时间去解决,避免店铺发生损失。

任务准备

1. 确保网络和电脑设备正常且稳定。
2. 下载并注册好京东和淘系平台账号。

任务实施

一、淘系平台规则

（一）淘宝平台规则

步骤一:使用浏览器网址:https://www.taobao.com/,进入淘宝网后点击"千牛

项目一　熟悉各平台规则

▲ 图 1-1-1　进入卖家服务市场

1-1-1
阅读淘宝平台规则操作步骤

卖家中心",进入"千牛卖家中心",如图 1-1-1 所示。

步骤二:在千牛卖家中心点击"成长",点击进入"规则中心"。

步骤三:进入"规则中心"后,依次点击各个模块进行阅读并熟记。

步骤四:点击"淘宝网行业管理规范",进入该页面,可以看到淘宝网的行业管理规范,通过阅读可以学习了解淘宝网对网店商家的管理规范。

步骤五:点击"淘宝网七天无理由退货规范",进入该页面,可以看到淘宝网 7 天无理由退货分为 3 条规则,通过阅读可以学习了解到淘宝网哪些商品支持 7 天无理由退货。

(二) 天猫平台规则

步骤一:使用浏览器网址:https://www.tmall.com/,进入天猫首页后打开"商家支持"菜单点击"天猫规则",如图 1-1-2 所示。

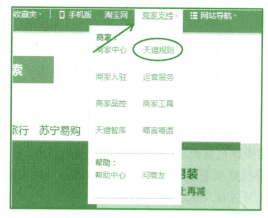

▲ 图 1-1-2　天猫规则入口

1-1-2
阅读天猫市场规范操作步骤

步骤二:进入"天猫规则",在左侧"经营必读"中再次点击"天猫规则",进入天猫规则中心。

1-3

步骤三：进入"天猫规则"后，依次点击各个模块进行阅读并熟记。

步骤四：天猫规则中一个大的模块包含多篇文章，可详细点开查看，如"经营管理"中的"基础规范"。

步骤五：根据上列步骤自行找到"经营管理"的"基础规范"中的"天猫评价管理规范"并点击进入阅读，可以看到天猫平台中对评价的管理规范，通过学习可以了解到天猫平台中是如何对评价进行管理的。

步骤六：根据上述步骤自行找到"违规管理"的"违规处罚规则"中的"天猫市场规范"并点击进入阅读，可以看到天猫的市场规范，通过学习可以了解天猫平台的市场规范。

二、京东平台规则

步骤一：使用浏览器网址：https://www.jd.com/，进入京东后打开"客户服务"菜单，点击"规则平台"，如图1-1-3所示。

1-1-3
阅读京东平台规则操作步骤

▲ 图1-1-3　进入京东规则平台

步骤二：进入"规则平台"，在热门规则中随意点击一个进入"POP规则"中，分模块进行查阅，一个模块含多篇文章。

步骤三：根据上述步骤自行找到"售后管理"的"基础服务"中的"七天无理由退货细则"并点击进入，可以看到京东平台的7天无理由退货的具体规则，通过阅读我们可以清楚地了解到在京东怎样才能7天无理由退货。

步骤四：根据上述步骤自行找到"营销推广"的"营销管理"中的"商家联合营销活动规划"并点击进入，可以看到京东的商家联合营销活动的规划，通过学习可以了解到在京东平台商家如何联合做活动。

项目一　熟悉各平台规则

 任务评价

通过本任务的学习,请按表1-1-1检查掌握的所学内容。

表1-1-1　阅读京东及淘系平台规则的操作评价表

序号	鉴定评分点	分值	评分
1	找到淘系平台以及京东的规则入口	20	
2	对淘系平台和京东的规则进行阅读	30	
3	对淘系平台和京东的规则进行记忆并整理笔记反复查看	50	

 知识延伸

1. 实用的电商规则。
2. 电商运营如何避免入坑。
3. 新手高效学淘宝规则。

以上知识延伸的内容,可扫描二维码进行学习。

1-1-4
知识延伸

 能力拓展

为了更好地了解和熟悉淘系和京东平台的规则,请大家完成此项任务:根据淘系平台以及京东的规则选取两个自己感兴趣的部分进行详细了解,并截图编写成文档保存。

1-5

任务二 熟悉客服必备的专业知识和能力

学习目标

1. 掌握客服必备的专业知识。
2. 掌握客服必备的能力。

任务描述

客服是指电商平台店铺中为客户提供解答和售后服务的工作者。作为一个全新的职业，客服扮演着关键角色，无论是推广、销售还是维护，客服都发挥着重要作用。当然，作为一个重要角色，对客服的要求也很高，不仅要分析同行业店铺的资料、熟悉店铺产品的知识、熟悉交易流程等多方面知识内容。为了能让客户获得更好的购物体验，需要你运用学习到的网店、物流、安全、客户心理分析等方面的专业知识和能力来处理客户提出的各项问题。

任务分析

作为一个成熟的客服，要在第一时间为客户解决问题，给客户提供解答和售后服务。在这个过程中，需要用到一些专业的知识，因此在学习过程中，同学们需要快速地了解和学会这些客服必备的专业知识和能力，且能根据客户遇到的问题，快速找到合适的应对方法，确保客户问题得到解决。为了让大家快速掌握知识点，本次任务将通过案例分析来讲解各个知识点，帮助大家更好地掌握。

任务准备

网络环境正常且稳定。

任务实施

一、网店知识

（一）同行业知识

作为一个网店客服，对网店和所处行业的认识很重要。学习网店、行业的知识和文化,是融入工作的第一步,也是能否在工作岗位上履行职责的核心内涵所在,同时也是未来能否在自己的岗位上顺利开展工作的关键,因此客服工作者需熟练掌握网店和行业知识。

学习背景

小好在学习网店和行业知识的时候有点迷茫,不知道从何看起。前辈小药就教他用千牛平台来搜集行业数据。

步骤一:登录千牛工作台,点击"数据",点击进入"生意参谋"。
步骤二:在生意参谋工作界面找到"市场"模块,即可查看到市场行业的整体数据。
步骤三:在"市场"模块中可以看到"监控看板""市场大盘""市场排行""搜索排行""搜索分析"等多个方面的数据,可自行点击查看,如图1-2-1所示。

▲ 图1-2-1 市场模块数据

在运营店铺的过程中,收集与分析竞争对手店铺的相关数据,再根据分析结果制定相对应的对战策略十分重要。收集竞争对手店铺数据,首先需要准确地找到竞争对手店铺。下面以淘宝平台为例,讲解识别竞争对手店铺的方法。

步骤一:在淘宝搜索中输入与店铺宝贝最符合的搜索词,按照店铺单价选定竞争对手,再根据店铺宝贝的属性、性价比等因素进一步锁定竞争对手,如图1-2-2所示。
步骤二:还可以通过销量、信用等来确定店铺竞争对手,同款产品销量接近,并且店铺信用等级接近的都可以确定为竞争对手。
步骤三:登录千牛工作台,点击数据,点击进入生意参谋。
步骤四:进入生意参谋,在生意参谋工作界面找到"竞争"模块,在该模块找到"竞争识别",选择店铺所属的类目,"生意参谋"会根据店铺的情况筛选出竞争店铺。

网店客户服务与管理

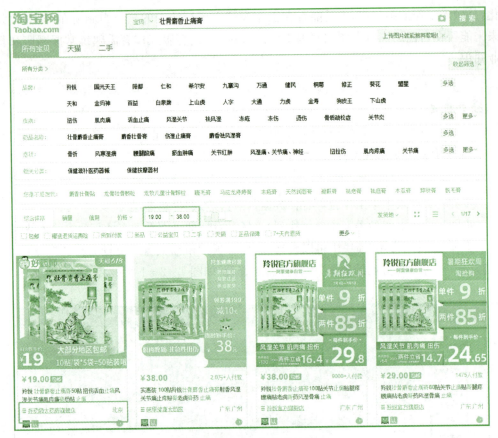

▲ 图 1-2-2 淘宝搜索界面

步骤五：点击"竞争店铺"，就可以看到竞争店铺的相关运营数据，分析数据就可以获得竞争店铺的信息。

(二) 店铺产品信息

客户咨询的大多数问题都与产品有关，如果淘宝客服连自己的产品都不了解，就无法为客户提供服务。因此，对于淘宝客服来说，对商品信息的掌握尤为重要，这关系着店铺在客户心中的第一印象，一个可以快速、专业地回答问题的客服更能为店铺加分。客服可以准确地说明和推荐商品，对于各种问题也是信手拈来，不仅增加了客户的购物体验，也能使客户放心消费。

学习背景

小好在好药师大药房店铺中做客服已经两个月了，对自己的岗位和职业有了一定的认识，也接待了多位客户。今天她在接待一位客户时，因为对该产品信息不了解而回答得很不专业，导致客户最终没有下单，她感觉心情很低落。于是找到

1-8

项目一　熟悉各平台规则

前辈小药说出自己的疑问。小药告诉她:"作为一个客服要对自己店铺的产品信息很了解,在回答客人问题时才能让他信任我们并下单。熟悉店铺产品信息一般可以这么做。"说着小药打开了好药师店铺其中一款产品的销售页面开始讲解。

步骤一:打开产品销售页面并查阅,了解商品详情,如图1-2-3所示。

1-2-1
店铺产品信息

▲ 图1-2-3　产品销售页

通过前辈小药的展示,小好学会了如何查阅产品详情,但是前辈说只会这些还不够,因为销售页面的消息太多了,客户可能没办法找到自己想要的信息,我们就要学会整理概括这些产品的主要信息来给客户参考。

步骤二:确定客户对一个产品关注的和想要了解的点,根据产品详情页整理出来并记录。如表1-2-1所示。

表1-2-1　产品主要信息

商品名称	壮骨麝香止痛膏
商品类型	外用、贴剂、中药、非处方药
功能主治	祛风湿、活血止痛;用于风湿关节、肌肉痛、拉伤
注意事项	忌生冷、油腻,孕妇、皮肤溃烂者不可用,运动员慎用
过敏症状	皮肤出现瘙痒、皮疹时应立即停止使用并就医
关联推荐	国公酒:祛风湿、内调外用;白云山舒筋健腰丸:效果显著

当你面对客户时,一个表格就能让他了解产品特点,方便又快捷,还能让客户看到你的专业性。当然,如果你想把工作做得更出色,前辈小药建议把同类产品的信息都整合在一个大表格当中,当有客户需要时,可以按需推荐。

步骤三:通过对同一类型商品信息的整理,工作时更方便快捷,减少工作量,提升工作效率,如表1-2-2所示。

表1-2-2 同类产品表格

序号	商品名称	价格	效果	用法	主要成分	注意事项
1	壮骨麝香止痛膏	19~38元	祛风湿、活血止痛	外用、贴患处	人工麝香、生草乌等中药	孕妇禁用、皮肤溃烂禁用
2	神威按摩软膏	98~350元	化瘀活血、止痛	皮肤外用、按摩	颠茄、乳香、芸香、没药等	禁止内服、皮肤损伤禁用
3	麝香壮骨膏	49.8~260元	治疗风湿痛、关节痛	外用、贴患处	八角茴香、山奈、生川乌	禁止内服、忌食生冷
4	麒麟堂活血止痛膏	89元	活血止痛、舒筋通络	外用、贴患处	白芷、牡丹皮、荆芥、细辛	过敏体质慎用、皮肤损伤禁用

当店内同类产品的主要信息都登记进表格以后,不仅可以让小好更快地熟悉店内产品,也可以在实际工作中快速查询适合客户的产品,完成交易。

(三) 物流知识

对于客服来说,物流知识也是必备的。在客户服务过程中,物流是一个离不开的话题,"你们是什么物流方式啊,我着急用。""物流安全吗?不要等运过来摔碎了。""你们是寄什么快递啊?我看下我家附近有没有。"等问题一直是客户所关心的。由于物流问题被客户投诉也不在少数,所以为客户选择一个快速、安全、放心的物流方式也是身为客服的一项工作任务。

学习背景

这两天小好接待的客人很多都有物流方面的问题,因为小好不清楚,没有及时回复客户的信息,导致客户都没有下单,小好非常着急,赶紧去问了前辈小药。小药告诉小好:"我们有多种物流方式,所以选什么物流方式都是可以的,你要清楚各个物流方式的优点和缺点,再根据客户的要求,选一个适合的物流,解决了客户烦恼的问题,他肯定就下单了。"

1. **了解各种运输方式** 一般来说,物流主要有邮寄、国际邮包、快递和货运4种运输方式,具体运输方式如表1-2-3所示。

项目一　熟悉各平台规则

表1-2-3　不同的运输方式

物流运输方式	包含形式	速度	价格	适用范围
邮寄	平邮（国内普通包裹）、快邮（国内快递包裹）和EMS	☆☆☆	体积小、重量轻的包裹价格较低；体积大、重量大的包裹相对价格高	体积小、重量轻不要求到货速度的商品
国际邮包	空运、空运水陆路和水路	☆☆	高	外贸出口商品
快递	顺丰速运、圆通速递、百世汇通、中通速递、申通速递、韵达快递、德邦快递、天天快递等	☆☆☆☆☆	体积小、重量轻的包裹价格较低；体积大、重量大的包裹相对价格高	体积小、重量轻的包裹，适用于大部分商品
货运	汽运和铁路运输	☆☆☆☆	体积小、重量轻的包裹价格高；体积大、重量大的包裹价格相对较低	体积大、重量大的包裹

（1）邮寄可以分为平邮（国内普通包裹）、快邮（国内快递包裹）和邮政特快专递（EMS）。

（2）国际邮包主要分为空运、空运水陆路和水路。

（3）国内快递公司主要有顺丰速运、圆通速递、百世汇通、中通速递、申通速递、韵达快递、德邦快递、天天快递等。

（4）货运分为汽运和铁路运输。

2. 了解各种快递方式之间的差别

学习背景

前辈小药还告诉小好，因为当前大部分订单客户都是选择用快递的方式，所以我们除了要了解不同物流运输方式及其运用范围，还需要了解国内不同快递的其他重要信息，要小好整理一个快递信息表格出来。

（1）了解不同快递的价格，即不同快递的计价标准以及报价。

（2）了解不同快递方式的运输时间，即将货物送到顾客处所需的时间。

（3）了解不同快递方式的联系方式，如各个快递公司的电话号码，以备日后根据顾客的不同要求选择使用，同时，客服还需要了解各个快递公司的网点分布。

（4）了解不同快递方式查询货物运输情况的方法。

（5）了解不同快递方式特殊情况的处理方法，如地址更改、包裹撤回、问题件退回、状态查询、代收货款及索赔处理流程等。

（6）掌握不同快递方式的常用网址和信息，如各快递公司的联系方式、收费标准和付款方式等信息。不同快递方式的主要差别如表1-2-4所示。

表1-2-4 不同快递方式的差别

物流运输方式	速度	价格	售后情况	适用范围
顺丰快递	☆☆☆☆☆	高	普通	适合对收货速度有要求的客户；某些地方不能发顺丰快递
四通一达（圆通、中通、申通、百世汇通、韵达、天天快递）	☆☆☆☆	小件物品价格适中，大件物品价格高	普通	适合大部分快递
德邦快递	☆☆☆	大件物品价格低	普通	适合大件物品的邮寄
平邮（国内普通包裹）、快邮（国内快递包裹）和EMS。	☆☆	小件物品价格适中，大件物品价格高	普通	适合一般快递

总之，客服只有掌握全面的物流知识，才能选择最佳的运输方式，在给予顾客免邮费优惠的同时，也为自己节省一笔不菲的快递成本。当然，客服在选择快递方式时，一定要注意物流公司的服务态度和运货时间，不可因价格便宜而选择运输速度慢或服务态度差的物流公司，以免引起顾客的投诉。

（四）安全知识

- 交易安全

学习背景

　　小好做客服已经两个多月了，有一件事让他印象很深刻。他刚工作的第3天，因为嫌店铺登录密码太复杂，就自己更改了一个简单的密码，没想到当天下午晚班同事无法登录，发现密码被别人更改了，前辈小药马上就去官网凭借资料改回了登录密码，好在发现及时没让店铺有太大的损失。小药说现在利用网络犯罪的人很多，密码一定要设置得复杂一点，他们才无计可施。接着，小药为小好普及了网络安全知识。

1. 账户安全　交易安全分为账户安全和支付安全两类。一旦账户被盗，不仅网店的经营受到阻碍，账户里的信息和资金都有可能被盗用，因此账户的安全性十分重要。最简单的方法是设置复杂的登录密码，淘宝网的账户密码是由6～16个字符组成，最好使用英文大小写、数字、特殊符号等混合密码，这样的密码安全度较高，基本排除了因为密码过于简单而被盗的可能。

2. 支付安全 出于安全考虑，很多网站都对支付过程进行了多重保护（以支付宝为例）。

（1）密码分为登录密码和支付密码两种，登录密码只能进行查看账户，要进行实际的资金往来还需要输入支付密码，这样就提高了安全性。

（2）申请支付宝数字证书可使账户资金操作更多一重保护，没有安装支付宝数字证书的电脑，即使知道登录密码和支付密码也无法查看账户及进行资金往来。

（3）在此基础上还可以开通手机动态口令，每次需要在支付宝页面输入支付密码的时候，系统会预先向设置和绑定的手机发送一个动态口令，输入了正确的动态口令和支付密码后，支付或者退款行为才能生效。

（4）如果再开通了支付宝短信服务，那么今后账户发生的每一笔交易，支付宝系统都会通过短信将资金变化通知发送给预先绑定的手机。

- 卖家防骗知识

> **学习背景**
>
> 在电商中，不止买家怕被骗，卖家也有同样的担心，骗人方式一直在更新，作为卖家的我们一定要时刻保持警惕。俗话说：骗人之心不可有，防人之心不可无。作为卖家，在体会收获的喜悦时，不要忘记绷紧安全这根弦。作为前辈的小药见识过很多种的行骗方法，今天分享给了小好，让小好受益匪浅。

1. 发货在先陷阱多

（1）拿货开溜：各位卖家在交易时，切不可着急出货。有的买家谎称自己不会使用支付宝，收到货后用银行汇款，只要货一发出，这买家就人间蒸发。建议一定要使用支付宝，或款到发货。

（2）骗取半价：有的买家称信不过卖家，先付一半的货款，作为定金，货到后再付余款。卖家一定不要相信对方，因为只要你的货发出，那一半的货款是可能收不回来的。

（3）谎称付款：卖家切记在发货前要查看交易状态、买家是否付款。有些买家在旺旺上留言谎称已付款，有些粗心的卖家不看交易状态就轻易相信，造成损失。

（4）真传假汇：有买家把银行的汇款单传真过来，卖家要在查清汇款是否到账后再发货，以防传真的汇款单是假的。

2. 同城交易有猫腻 有的买家与卖家同城交易后，却申请支付宝退款，理由是"没有收到货"，卖家自然是无法提交发货凭证的，只好吃哑巴亏。

还有买家联合快递来行骗。让快递到卖家处拿，等卖家把东西一交，骗子立刻在支付宝申请退款，说没发货。提醒卖家：为了杜绝任何受骗的可能，同城交易时最好让对方写下收据，并提防假钞。

3. 退货之后藏隐患 如果买家要求退货，一定要在收到货后再退款。一定要严格按流程操作,收到退货后再退款或换货,为了防止买家在货物上做手脚,一定要当着快递员的面拆开验货后再签字。

4. 木马钓鱼搞破坏　如果有买家向你发来一个陌生网址问"有这个商品吗"或要求团购在其网站上进行注册等,很可能就把木马或是钓鱼网站带回了家。如果卖家在一个假冒的网上银行页面上输入账号和密码,那可能会存在风险。所以,数字证书、杀毒软件一个也不能少!

5. 破解密码占为己有　卖家一定要设置并管理好自己的密码,包括登录号、支付工具号、注册邮箱密码等。切不可图省事全用同一个密码,让骗子有机可乘。发现异常情况要及时与客服联系。

6. 使用 Photoshop 制作的付款截图　此骗术是对方拍下卖家的商品,马上发来一个"买家已付款等待卖家发货"的 Photoshop 制作的付款截图,然后不断地催促你发货,如果您看到这个截图没再去管理中心或查看邮件通知确认订单就发货给买家,那么很有可能就上当了。所以无论对方如何催促,一定要在"我的淘宝"看到"买家已付款等待卖家发货"才能发货!

7. 要求不通过支付宝直接汇款到网银　交易谈好以后,对方说自己没有财付通,要求用银行直接汇款给你。只要卖家将自己的银行账号告诉他,他马上就会用该账号登录网银,然后乱输密码,直到当天错误密码达到最高次时,骗子会告诉卖家他的款已经汇过去了,让你查一下。多数卖家都是直接登录网银查账的,这时卖家再登录时发现密码错误无法查账,骗子买家会一直不停地催你发货,说已经汇了款了,要求你马上发货。对一些新卖家他们还会用一些激将法。一般而言,急于成交生意的新卖家,或者经常做虚拟商品销售的(因为发货就是发卡号或者密码之类的)更容易被骗。

防止卖家被骗的对策如下。

(1) 延迟发货:告诉他现在网银无法登录,只要他转了账,明天查明到账以后再发货不迟,至于他再说其他的,可以选择性无视他。

(2) 手机银行查账:现在多家银行都开通了手机银行或者电话银行,遇到网银登录不了时不妨通过手机银行查账,避免因小失大。

(3) 建议买家使用支付宝:一般这样的买家都是使用的网银,所以最好的办法就是告诉他花一分钟注册一个支付宝,通过支付宝在线转。

8. 利用相似账号迷惑卖家　买家利用相似的账号进行行骗。比如某买家账号为"好好对自己"(己 jǐ),拍下商品并用支付宝付款,这个时候一个叫"好好对自已"(已 yǐ)的买家会用旺旺给买家留言:"已经付款,请把货发到＊＊＊,邮编＊＊＊"。卖家一看的确已经付款,就按照旺旺留言的地址发货。几天以后买家"好好对自己"说还没有收到货,卖家仔细检查并查询邮件才发现,"好好对自己"和"好好对自已"的地址并不一样,是两个完全不同的账号,尽管账号名称很像。所以,卖家发货之前一定要核对付款人的地址,发现不符要及时联系买家。

项目一　熟悉各平台规则

二、一般交易流程

(一) 交易流程

作为网店的客服,熟悉客户的购物流程是必要的,在客户遇到操作问题的时候,我们可以及时去指导他们完成下单购物。既能让客户保持愉悦的心情下单,也能有效增加店铺的订单量。

> **学习背景**
>
> 节日快到了,50岁的李先生想为自己远在北京和天津的亲戚买份保健品,当他看好产品后却不知道如何下单购买,于是他询问了客服小好。小好很细心地为这位客户整理了一份详细的交易流程和付款方式,这位客户看完就明白了怎么下单,没一会儿,小好就收到了来自该客户的订单。

步骤一:如图1-2-4所示,购买商品时点击页面上的【立即购买】即可,如果要买多件商品,可以点击【加入购物车】,采用购物车购物,一次购买多件商品只要不超重就只收一次邮费。

▲ 图1-2-4　购买菜单

1-2-2
购物流程

步骤二:在进入订单提交页面以后,首先要确认收货信息是否正确,然后将商品颜色、尺码、发货时间、是否开发票等需要特别提醒的内容填写在给卖家的留言框里,然后点击"提交订单"按钮提交购物订单。

步骤三:在支付页面选择相应的银行或支付方式,输入卡号和密码,点击确认付款即可完成购物。

步骤四:卖家收到货款后,通常会在48小时内发货,在此期间,可以在淘宝网上查看物流信息。待收到包裹后,可以先当场开箱检查,确认货物没有异常或损坏后再签收。打开"我的淘宝"→"已买到的宝贝",找到需要查看物流的订单,将鼠标箭头放置在

"查看物流"按钮上,即可弹出该订单的物流信息。

步骤五:签收后即可登录管理后台——我的淘宝。找到此商品,点击"确认收货"按钮。

步骤六:此时,买卖双方已经钱货两清,页面会跳转到评价页面,如果此时关闭页面不予评价,系统到时间会默认好评;如果想发表评价的话,填写文字内容评价即可。

(二)付款方式

作为店铺客服,只有掌握了店铺的付款规则,才能更好地提供服务。目前支付宝支持网银支付、快捷支付以及货到付款和花呗这4种付款方式,顾客可以根据实际情况,选择最适合自己的付款方式。无论使用哪种支付方式,淘宝交易都有担保,支付方式如图1-2-5所示。

▲ 图1-2-5 支付宝付款方式

1. **网银支付** 网银支付的操作方式是顾客可以在支付宝收银台,选择"网上银行"付款方式,跳转到银行页面输入银行相关信息完成付款。

2. **快捷支付** 快捷支付是支付宝联合各大银行推出的一种全新的支付方式,只要我们有银行卡,就可以在支付宝付款。无需登录网上银行,可直接输入卡面信息及持卡人身份信息,根据安全规则可通过验证银行预留的手机接收校验码完成签约或支付,是一种便捷、快速、安全的付款方式。快捷支付(含卡通)类型:储蓄卡快捷支付、信用卡快捷支付和原来的支付宝卡通。

3. **货到付款** 在淘宝上,不是每个商家都开通了货到付款这个功能,只有商家开通这个功能后,顾客才有这个支付选项。如果商家开通了此项功能,顾客可以在下单的时候,点击【立即购买】选择运送方式为货到付款,即可拍单。

4. **花呗** 花呗支付功能也同样需要商家开通,开通花呗支付后客户才可以用花呗付款。针对支付宝已开通花呗的用户,当购买的产品价格低于或等于花呗额度时,就能使用这种付款方式。当产品价格高于花呗额度时,则不能使用花呗付款。只要在付款时选择这个付款方式再输入付款密码就可以下单成功了。

三、客户心理分析

淘宝客服是一项考验智商、情商、耐心的工作。客服人员掌握相关的心理知识、消费者心理学等,就显得尤其必要。通过对客户心理分析,我们将更加了解客户的真实需求。今天我们将通过具体案例给大家分析客户心理。

项目一　熟悉各平台规则

（一）逆反心理

【案例一】

客服小好发现在给客户介绍产品的时候，客户一直没有回复，保持着沉默，如图1-2-6。或者当你把产品的相关信息都介绍给了客户，并询问客户的想法时，客户没有回应，或者回复说我都知道，然后没有再发信息，如图1-2-7所示。

▲ 图1-2-6　客服聊天1　　　　▲ 图1-2-7　客服聊天2

这时，我们可以从聊天中感觉到客户对我们有一丝抵触，可以判断出是对客服的逆反心理。在销售过程中，很多淘宝客服喜欢对客户进行"狂轰滥炸"的推销，以为这样就能说服客户。然而，事实是客户的逆反心理控制了客户的行为，让客户拒绝下单。

- 逆反心理的表现形式

客户的逆反心理在具体网购过程中会有以下4种表现形式。

1. **反驳**　有些客户会故意针对淘宝客服的观点提出反对意见，让客服无法下台，知难而退。

2. **不发表任何意见**　客户有时在心里拒绝了淘宝客服的说服，但是却没有将拒绝直接说出来。所以不管淘宝客服说什么，客户都保持沉默，冷淡地看客服做产品介绍，不发表任何意见。

3. **高人一等的作风**　对于客户来说，淘宝客服说的所有话都可以以一句台词应对，那就是"我知道"。客户的潜台词是说："我什么都知道，你不用再说了。"这时淘宝客服不应当再继续对其说明，以免引起客户更激烈的逆反情绪。

4. **断然拒绝**　性格直接的客户面对淘宝客服的推荐会坚决地说："这件产品不适合我，而且我也不喜欢。"

- 减少客户逆反心理的方法

客户有逆反心理，淘宝客服在推销产品时应当注意不能滔滔不绝地说个不停。顾及客户的感受，就不会一次又一次地遭受到客户拒绝。下面介绍减少客户逆反心理的两个方法。

▲ 图 1-2-8 客服聊天 3

1. **用问题代替陈述** 要想减小客户的逆反心理，首先要做到有效预防。在会话过程中，陈述是很容易引起逆反作用的。原因在于陈述通常代表一个明确的观点和立场，很容易引起客户的反对。

2. **转换立场** 转换立场是减少客户逆反心理的另一个方法。淘宝客服需要意识到，客户的逆反心理是一种出于本能的机械反应，并不代表坚决反对。如果介绍完产品之后，客户表达了他的逆反情绪，直接反驳或者拒绝了你，那么我们客服要懂得在这个时候立即转换立场，以退为进，如图 1-2-8 所示。

（二）从众心理

【案例二】

小好发现，在和客户沟通时，做到有效的转化很难，下单的客人很少。他很困惑，去向前辈小药请教怎么样提高下单量。小药跟他说，我们在跟客户沟通时，可以主动去引发客户的消费心理，促进客户的消费欲望。小药给他举了个例子，假如客户已经对店铺的产品比较满意了，也觉得确实是自己需要的，但是因为没有看到实物，会纠结到时候收到的宝贝会不会和描述的一样好，如图 1-2-9 所示。

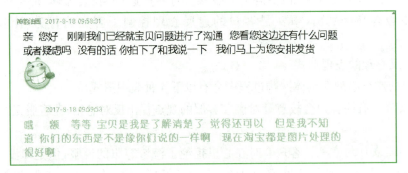

▲ 图 1-2-9 客服聊天 4

当买家说出了自己的疑虑，就需要针对买家的问题去给他分析。比如，给客户展示宝贝的好评、宝贝的销量等来引发客户的从众心理，从而促成交易，如图 1-2-10 所示。

这个例子就很好地引发了客户的从众心理，当很多人都夸一件产品好的时候，其他人就会觉得产品真的好而前去购买。即使产品并没有想象中那么好，也不会很失望，毕竟很多人都在用，肯定是有其突出之处的，即使上当也不是自己一个人。如果客服可以抓住客户的从众心理，客户就会毫不犹豫地下单。小药就如何引发客户的从众心理整理了以下 3 种方法。

1. **保持好评** 在"好评为王"的时代，你的店铺但凡有一条差评存在，客户就会考虑是否要加入购物车，少数服从多数，百分百的好评有利于促使客户跟风购买。

2. 提升销量排名 淘宝系统具有销量排名功能,很多客户购买产品时都会参考这一指标。如果客户想要购买一件产品,而且没有明确的商家,这时销量第一的店铺就非常有优势。

3. 参加各种评比活动 "2019 年最受女孩欢迎的十大圣诞礼物""2020 年度春季风衣销量排行榜""某某化妆品横向评测"……很多客户相信这种评比,因此很多商家都会参加这种评比活动,尽管有可能会自评"最佳"或者是用技术手段干扰视听。告诉客户"3 000 女性都在使用的保养品",客户是不是就有可能一起跟着购买了?

不同类型的人,就会产生不同程度的从众心理。通常来说,女性比男性更容易受从众心理的影响;性格内向的人比外向的人更容易产生从众行为;社会阅历浅的人不如社会阅历丰富的人有自我控制力。

▲ 图 1-2-10 客服聊天 5

需要注意的是,当今市场越来越崇尚个性化。在沟通过程中,你如果发现客户很有个性,喜欢与众不同,就无法使用以上方法,否则有可能弄巧成拙。

通过本任务的学习,请按表 1-2-5 检查掌握的学习内容。

表 1-2-5 熟悉客服必备的专业知识和能力评价表

序号	鉴定评分点	分值	评分
1	在千牛工作台中搜索竞争店铺数据并记录	30	
2	掌握一般支付流程,并成功引导顾客完成支付	30	
3	掌握顾客心理分析,分析客户心理并且记录	40	

 知识延伸

1. 客服必备的素质和技能拓展。
2. 客服的 15 项超能力。

1-2-3
知识延伸

3. 客服人员必备的七大心理效应。

以上知识延伸的内容,可扫描二维码进行学习。

 能力拓展

为了更好地掌握客服必备的专业知识和能力,根据所学知识完成以下操作。

1. 客户前来店铺咨询家庭式血压计产品,由于客户不熟悉该产品的特点、功能,现需要你整理一份血压计产品的资料,帮助客户了解该产品并便于与客户沟通。

2. 锁定一家自己的竞争店铺,分析该竞争店铺运营的优势与不足,并形成一份数据报告。

模块一
网店客服基础

项目二 熟悉客服常用工具的使用

客服是电商店铺提高销量的重要岗位之一。电商客服在日常工作中,需要熟悉该平台的接待工作台,如淘宝客服的千牛旺旺工作台、发放优惠券工具,京东客服的咚咚精灵工作台等。只有熟悉了该类工具的使用,后续才能展现出客服的话术技巧、收藏技巧、转化技巧、提升销量技巧等。

本项目将介绍淘宝客服与京东客服常用工具的使用。

网店客户服务与管理

任务一　熟悉淘宝客服常用工具的使用

学习目标

1. 熟悉千牛工作台的下载安装。
2. 掌握千牛工作台的常用设置。
3. 掌握卖家中心的功能和上传产品的操作方法。
4. 掌握赤兔魔盒的使用。

任务描述

淘宝客服在网店销售中起着重要作用，应具备基本素质、专业知识、沟通技巧、常见问题解决方法以及最重要的客服工具的使用。本任务主要学习淘宝客服在日常工作中常用的工具使用方法。其中包含千牛工作台、卖家中心、赤兔魔盒的下载方法及使用介绍。请同学们通过赤兔魔盒工具选择 3 个未完成订单的客户进行记录跟单和催付。

任务分析

真正的销售始于客服，服务不只是维修故障的机器，而是维护用户的心情和心灵，这样才能促成每一笔交易。为了方便客服日常工作，店铺经营中除了使用千牛工作台的官方工具以外，还会经常使用一些第三方工具，如赤兔魔盒工具。

任务准备

1. 确保网络和电脑设备正常且稳定。
2. 准备好千牛工作台 PC 软件和赤兔魔盒服务。
3. 店铺需要 3 个未完成订单。

任务实施

一、千牛工作台

千牛工作台是客服人员在日常工作中使用频率非常高的一个工具，它整合了卖家常用的工具和数据信息,借此来提升卖家的经营效率。淘宝卖家、天猫商家均可使用,包含卖家工作台、消息中心、阿里旺旺、量子恒道、订单管理、商品管理等主要功能,目前有电脑版和手机版。

(一)电脑版千牛下载安装

电脑版千牛页面,如图2-1-1所示,下载安装步骤如下。

▲ 图2-1-1 电脑版千牛页面

步骤一:在浏览器中搜索千牛,进入千牛官网,根据自身电脑的操作系统选择相应的版本,点击下载。

步骤二:下载完成后,按照提示安装。

步骤三:输入淘宝卖家账号和密码,登录千牛。

步骤四:登录成功后,界面处于空白状态,可根据自己的需求添加一些应用和模块。

步骤五:在首页根据需要添加应用和模块。

(二)千牛工作台界面介绍

千牛工作台包括两种模式,即工作台模式和旺旺模式,这两种模式可以自由切换。

步骤一:把鼠标移到页面上边的导航栏上,可以看到网页网址的导航、卖家经常使用的功能模块等。卖家就是利用这些插件工具对店铺进行管理和维护。千牛首页如图2-1-2所示。

步骤二:在页面右上角有一个旺旺的头像图标和系统消息图标。

步骤三:点击一下旺旺图标,跳出旺旺聊天界面。卖家可以在这个界面跟客户沟通,也可以点击界面左下角的一些快捷按钮直接进入我的店铺、卖家中心等网页。

步骤四:也可以运用千牛的浮动小窗口来自由切换工作台模式和旺旺模式。

(三)千牛工作台模式常用设置

1. **插件模块** 千牛本身功能免费,但里面的一些插件模块(如交易管理、商品管理)由第三方服务商提供,是否收费取决于服务商。但目前常见的一些功能,如改价、扫描

▲ 图2-1-2 千牛首页

发货、消息通知等会保持免费。卖家可以运用这些插件更好地管理和运营店铺。

步骤一：进入千牛工作台首页，在导航栏下面可以看到"我的应用"，点击"更多应用"，可以进入应用中心，在这里卖家可以添加自己需要的插件。如图2-1-3所示。

2-1-3
千牛插件模块

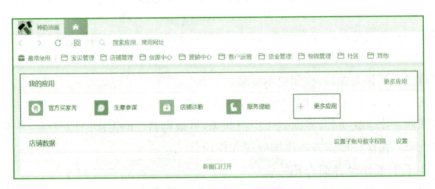

▲ 图2-1-3 我的应用

步骤二：卖家还可以个性化添加模块，添加的模块会显示在工作台的首页中，如果需要添加新的模块，可以在首页下拉至最底部，点击"添加模块"，可以看到已添加的模块和未添加的模块。

2. 数据模块 网店卖家可以在千牛查看店铺的各项数据：实时数据、经营数据等（图2-1-4、图2-1-5），通过对数据的监控和分析，从而更好地运营店铺。

（四）手机版千牛

千牛工作台除了PC端外，还推出了移动端，方便卖家的使用。对千牛PC端的各项功能掌握熟练之后，卖家使用移动端更容易上手。如图2-1-6所示。

项目二 熟悉客服常用工具的使用

▲ 图2-1-4 数据模块

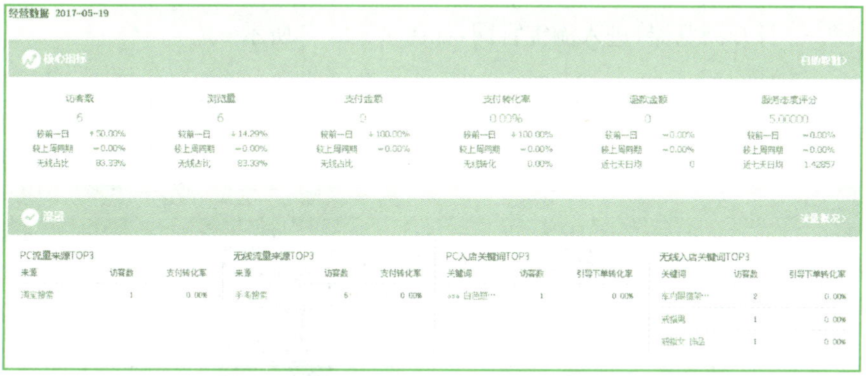

▲ 图2-1-5 经营数据

2-1-4
千牛手机版
下载安装

▲ 图2-1-6 手机版千牛页面

步骤一：在手机应用市场查找"千牛"，并下载。

步骤二：打开千牛App，输入账号密码，登录手机版千牛。

步骤三：进入首页后，首先要设置工作台的内容。"工作台"的内容可以根据用户的需求来展示，点击"＋"可以添加或者移除内容模块。

步骤四：在"消息"板块中，商家可以直接与买家进行交流，点击小人图标可以查看联系人列表，右上角是添加、建群等功能区域。

相对于PC端，移动端的千牛工作台更加灵活方便，随时可以进入聊天列表，不错过任何一个咨询的买家；但是，当客服岗位接待量比较大时，移动端千牛的响应速度不如电脑端，所以，在日常咨询中建议使用电脑端千牛，特殊情况下可以使用移动端。

二、卖家中心

（一）登录卖家中心

步骤一：打开浏览器，进入淘宝官网，如图2-1-7所示。

2-1-5 登录卖家中心

▲ 图2-1-7 淘宝官网

▲ 图2-1-8 淘宝网卖家中心导航栏

步骤二：点击上侧"卖家中心"，输入账号、密码登录到卖家中心。

（二）导航栏

卖家中心首页上方的蓝色导航栏从左往右分别是：首页、基础设置、更多，"更多"栏目中整合了规则中心、安全中心、服务中心等，如图2-1-8所示。通过导航栏可以进入相应的页面。

卖家中心的管理功能主要在左侧的导航栏中，包括交易管理、物流管理、宝贝管理、店铺管理等核心功能模块，如图2-1-9所示。

同时，在左侧导航栏的各个功能模块还可以自定义需要展示的应用，如将鼠标移到"交易管理"右侧的">"中，就会出现该模块下相应的应用，再点击右侧的钉子图表，就可以将该应用固定在该模块下。如图2-1-10所示。

▲ 图2-1-9　淘宝网卖家中心左侧导航栏

▲ 图2-1-10　固定应用

1. **交易管理**　交易管理功能主要介绍两个应用：评价管理、已卖出的宝贝。在评价管理中可以查看店铺半年内的动态评分和来自买家的评论。如图2-1-11所示。

"已卖出的宝贝"也是客服人员工作中经常用到的功能，在这里客服人员可以搜索历史交易订单，也可以对买家拍下的商品进行修改，如客服人员在与顾客的交流中承诺给予包邮、优惠等，在买家拍下商品后，可以在这里进行订单搜索、修改价格、邮费或者添加备注。如图2-1-12所示。

2. **物流管理**　在顾客拍下商品后，等到订单状态变成"买家已付款"，商家需要进行发货的操作。在物流管理模块下选择"发货"，在这个应用下，卖家可以批量选择发货。选择未发货的订单，填写买家信息，点击【确认】按钮后，就会显示发货成功的页面。

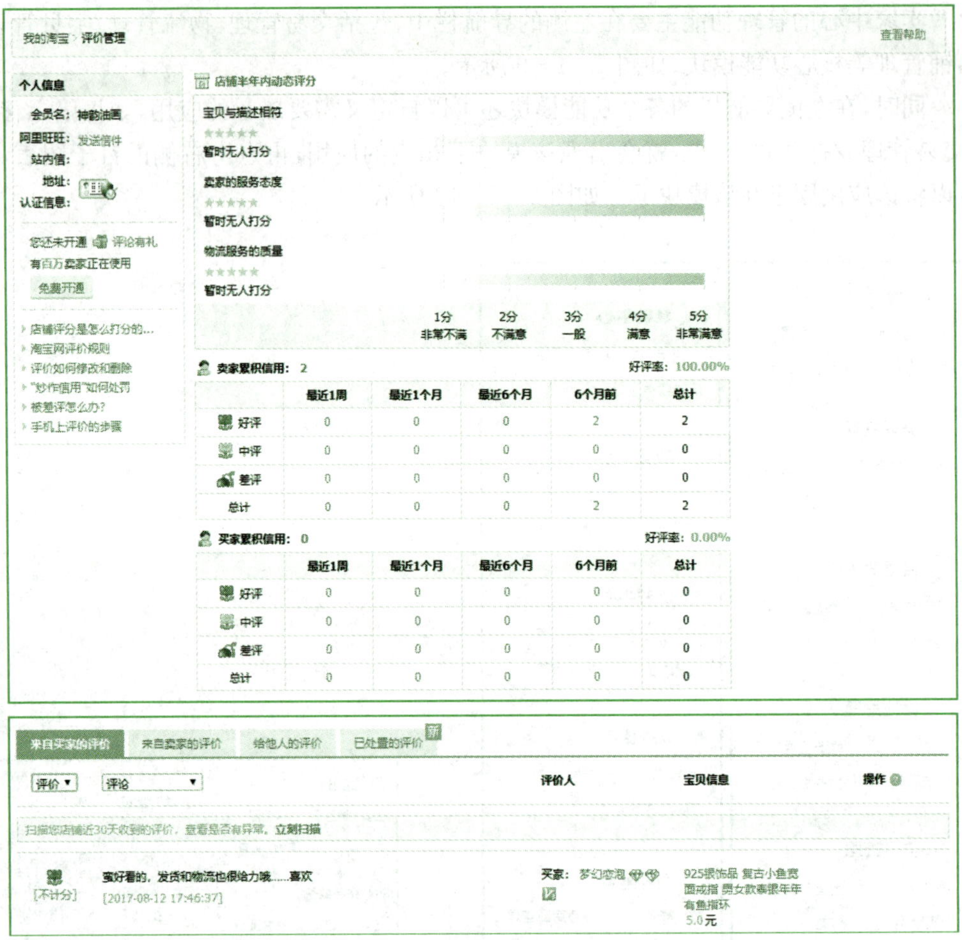

网店客户服务与管理

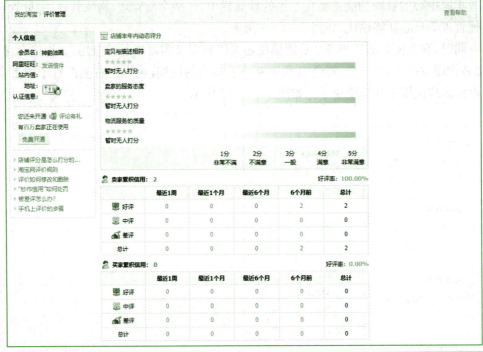

▲ 图 2-1-11 交易管理

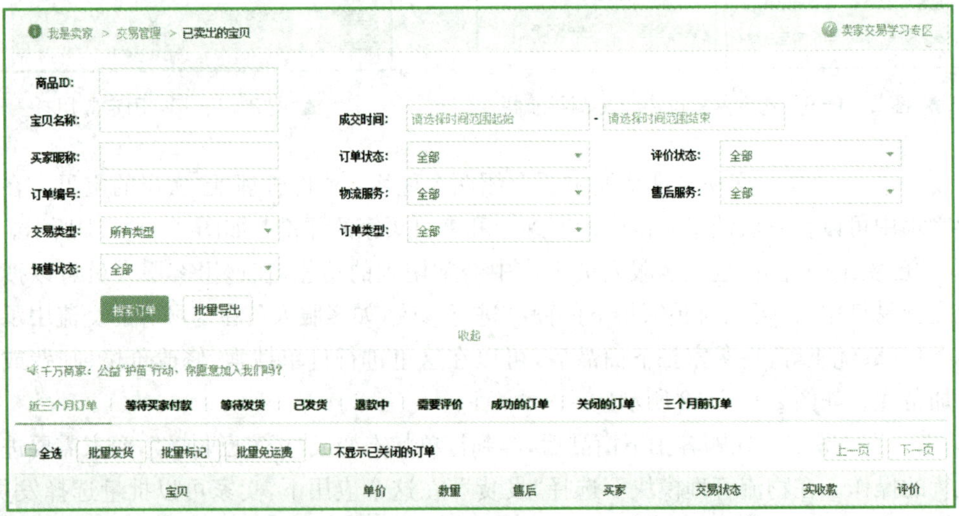

▲ 图 2-1-12 已卖出的宝贝

2-8

▲ 图2-1-13 物流管理

如图2-1-13所示。

值得一提的是,现在菜鸟网络推出电子面单平台,使得面单打印速度和发货效率得以提升,卖家可以轻松应对大促销活动。如图2-1-14所示。

▲ 图2-1-14 电子面单平台

3. 宝贝管理　宝贝管理主要针对店铺中的商品管理,它的主要应用是:发布宝贝和查看出售中的宝贝。如图2-1-15所示。

(1)首先需要"上传宝贝",上传商品是每个客服人员都需要掌握的,特别是新手客服,初次上传宝贝时一定要小心操作,以免违规。

▲ 图2-1-15 宝贝管理

(2)接下来点击"出售中的宝贝",在这里可以查看当前店铺上架的商品及其库存,也可以对商品进行下架、删除等操作。其中,一个重要功能就是可以对上架的商品信息进行编辑,包括修改宝贝标题、描述宝贝卖点和属性,以及上传宝贝的图片等。如图2-1-16、图2-1-17所示。

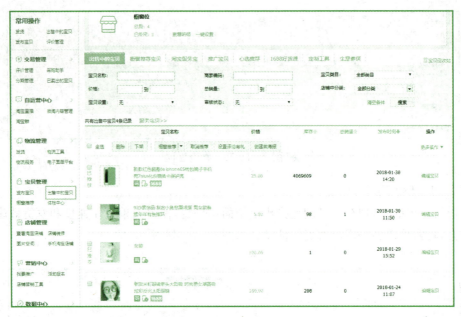

▲ 图2-1-16 出售中的宝贝

▲ 图2-1-17 编辑商品信息

4. 客户服务 这里主要介绍"退款管理"应用。当顾客收到商品后不满意或商品有瑕疵需要退货时，在与客服进行沟通后会发起退款或者退货申请，客服可以从客服中心的退款服务页面进行查看，并进行退款详情查看、退款协议达成以及拒绝退款的操作。如图2-1-18所示。

▲ 图2-1-18　退款管理

（三）基础设置

在卖家中心的首页点击"基础设置"，卖家可以在这里设置自己的淘宝店铺和手机淘宝店铺的基本信息。首先是店铺基本设置，包括店铺名称、标志、简介、经营地址等，在这里设置的信息将会在店铺前台展示给买家，所以一定要认真对待。

此外，在基础设置中还可进行域名设置、淘宝认证、店铺经营许可、店铺过户、店铺升级和子账号管理，主要是店铺正式营业前的准备工作和往后店铺发展中可能遇到的问题。如图2-1-19所示。

（四）上传商品的使用

有了淘宝店铺之后就可以上传商品进行销售，但是，对于很多新手卖家来说，如何上传宝贝是一个复杂的问题。接下来我们介绍上传商品的操作流程。

步骤一：打开淘宝网页（https://www.taobao.com/），登录并进入卖家中心。点击

▲ 图 2-1-19　淘宝店铺基础设置

2-1-6
上传商品步骤

▲ 图 2-1-20　淘宝网卖家中心

"宝贝管理-发布宝贝"。如图 2-1-20 所示。

步骤二：点击"一口价"，然后选择宝贝的类目并阅读淘宝规则，阅读完成后，点击"我已阅读以下规则，现在发布宝贝"的按钮。

步骤三：进入宝贝编辑界面。首先按照页面提示，填写、设置宝贝的基本信息。

步骤四：设置宝贝物流及安装服务。

步骤五：设置售后保障信息及其他信息。

步骤六：宝贝信息全部设置编辑完成后，点击"发布"，即宝贝上传完成。可以返回卖家中心，点击"宝贝管理-出售中的宝贝"进行查看。

三、赤兔魔盒

赤兔魔盒是一款全能高效客服工作台工具，极大地优化了客服工作效率，实时跟单、催单、催款、促成成交，任务处理，帮助记录，处理售后、售前问题。赤兔魔盒包含改价、改邮费、改地址，会员等级信息识别、信息备注，自动分配跟单任务给指定客服，支持宝贝知识、关联推荐信息录入及调用等功能，需要购买才能使用（图2-1-21）。

▲ 图2-1-21 赤兔魔盒工具购买页面

（一）打开入口

步骤一：在淘宝服务市场购买赤兔魔盒服务软件后，在旺旺聊天窗口，点击左下角的图标，如图2-1-22所示。

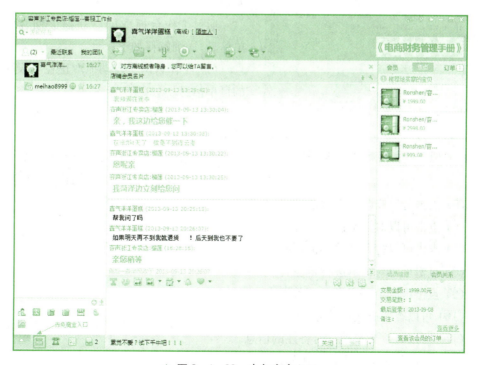

▲ 图2-1-22 赤兔魔盒入口

步骤二：点击赤兔魔盒按钮后，出现魔盒图像，继续点击图像，将弹出魔盒界面，如图2-1-23所示。

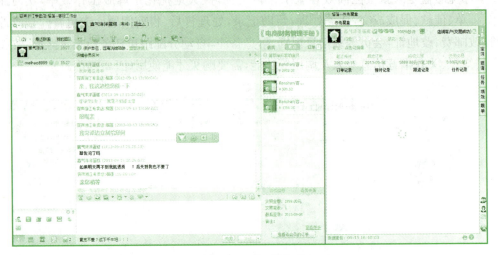

▲ 图2-1-23 魔盒界面

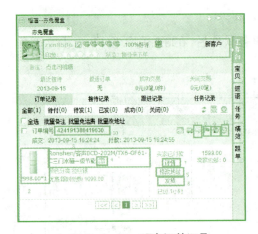

▲ 图2-1-24 顾客订单记录

（二）接待未下单顾客

工作台界面可以自动抓取聊天窗口，正在聊天顾客的订单信息，如图2-1-24所示。

通过工作台抓取即可获得该顾客的订单信息，详细解释如下：

（1）工作台内会自动抓取正在聊天顾客的订单信息。

（2）点击商品图片可以给顾客发送产品链接。

（3）点击产品名称可以打开产品页面。

（4）点击可以查看产品属性。

（5）点击可以修改配送地址。

（6）点击可以对订单进行发货。

（7）点击可以打开订单详情页面。

（8）点击可以对订单进行备注。

（9）点击可以给顾客发送订单提交收货地址。

（10）可以查看成交订单号。

（11）可以查看买家拍下时备注的信息。

（12）点击复制买家支付宝账号。

（三）接待已发货顾客

客服在使用工作台时，接待已发货顾客，能够选择已发货的宝贝，查看物流；还可以点击延长收货时间，如图2-1-25所示。

▲ 图2-1-25　接待已发货顾客的工作台界面

（四）接待记录

点击"接待记录"，即可查看这个顾客在每个时间段，每位客服接待的详情，以及聊天记录，如图2-1-26所示。

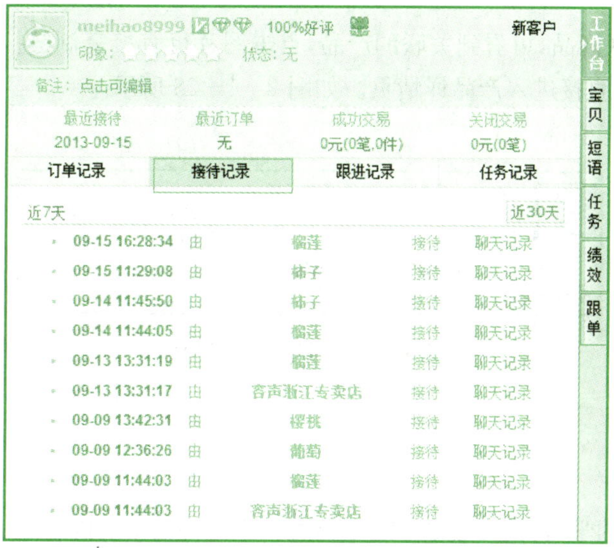

▲ 图2-1-26　赤兔魔盒工作台的接待记录

(五)赤兔魔盒宝贝页面

赤兔魔盒的宝贝页面中各个区域介绍如下。

(1) 点击宝贝可以进入查询宝贝页面。

(2) 点击商品图片可以给顾客发送产品链接。

(3) 点击产品名称可以打开产品页面。

(4) 页面显示的是产品原价。

(5) 点击宝贝知识可以在下面显示产品属性信息,点击属性内容即可直接复制到对话框,发送给顾客。如图 2-1-27 所示。

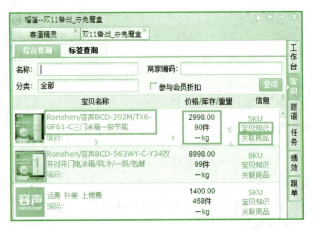

▲ 图 2-1-27　赤兔魔盒宝贝界面

(6) 点击关联商品,可看到关联的产品,点击图片可直接复制链接到对话框发送给顾客,点击链接可直接进入产品详情页。如图 2-1-28 所示。

▲ 图 2-1-28　宝贝知识

通过本任务的学习,请按表 2-1-3 检查一下掌握的学习内容。

项目二 熟悉客服常用工具的使用

表2-1-3 淘宝客服常用工具的使用评价表

序号	鉴定评分点	分值	评分
1	熟悉千牛工作台并能下载安装	20	
2	能独立并快速地在千牛软件上传商品	40	
3	掌握客服工作台赤兔魔盒的使用	40	

知识延伸

1. 赤兔魔盒使用教程。
2. 客服常用工具-淘宝助理使用教程。

以上知识延伸的内容,可扫描二维码图标进行学习。

2-1-7
知识延伸

能力拓展

请同学们通过赤兔魔盒工具选择3个未完成订单的客户进行记录跟单或催付,老师根据同学跟单完成情况给出相应的评价和指导。

任务二　熟悉京东客服常用工具的使用

学习目标

1. 熟练掌握京麦工作台的下载、安装方法。
2. 掌握京麦工作台的常用模块设置。
3. 掌握京麦咚咚的授权及打开方法。
4. 掌握咚咚客服精灵的使用。

任务描述

京东客服在网店销售中起着重要作用,应具备基本素质、专业知识、沟通技巧、常见问题解决的能力,还有最重要的是客服工具的使用。本任务主要学习京东客服在日常工作中常用的工具及使用方法。其中包含京麦工作台、京麦咚咚、咚咚客服精灵的下载及使用。请同学们通过咚咚客服精灵工具选择1个待支付状态的客户进行催付和优惠券发放。

任务分析

通过客服良好的引导与沟通服务,客户可以更加顺利地完成订单。为了方便客服日常工作,店铺经营中除了使用京麦工作台的京麦咚咚官方工具以外,还会使用一些常用的第三方工具,如咚咚客服精灵工具在京东JDM服务市场中受众广泛。

任务准备

1. 准备京麦工作台PC软件和咚咚客服精灵插件。
2. 确保网络稳定以及电脑等设备能正常使用。
3. 店铺需要有1个待支付的订单、商品优惠券。

项目二 熟悉客服常用工具的使用

一、京麦工作台

京麦工作台是专门为京东商家们打造的店铺运营管理平台。它包含 PC 客户端和移动客户端。它的作用其实与淘宝平台的千牛工作台相似,只要精通千牛工作台的商家,使用京麦工作台会很容易上手。

PC 客户端整合了京东及第三方软件服务商优质资源,负责提供支持的店铺运营工具有许多种功能和类别。同时,整合了经营咨询信息、店铺运营数据等信息,让商家能够提高效率打理店铺,目前京麦 PC 客户端支持:Windows XP、Windows 7、Windows 8、Windows 10、MAC 操作系统。

京麦移动端的推出,能够满足目前商家随时随地管理店铺的需求,其中包含经营数据、客服接待、订单处理、服务插件等核心功能,通过手机就能操作,提升商家的使用体验。目前京麦移动端支持:苹果系统和安卓系统,只需在应用商城搜索"京麦"下载。安卓系统支持 Android 2.2 以上,苹果系统支持 ios 7.0 以上版本。

(一) 电脑版京麦下载安装

打开电脑版京麦页面,如图 2-2-1 所示。

▲ 图 2-2-1 电脑版京麦

2-2-1
京麦下载安装

步骤一:在浏览器中搜索京麦工作台,进入京麦官网 PC 页,根据自身电脑的操作系统选择相应的版本,点击下载。

步骤二:下载完成后,按照提示安装。

步骤三:输入京东商家账号和密码,登录京麦工作台。

账号密码形式:可登录账号包括 POP 商家账号、自营商家账号、VC 账号(京东供应商系统平台的账号)、普通京东账号等。点击账号框右边向下的箭头可以切换本地记录的历史登录账号。

2-19

扫码形式：先登录移动端京麦，使用扫码功能扫描PC端京麦出现的二维码，并在移动端确认登录后，则会成功登录PC端京麦。

（二）京麦工作台主界面介绍

京麦工作台主界面，可查看店铺提醒、店铺数据、麦头条、店铺信息等内容，满足商家实时关注店铺动态的需求，如图2-2-2、图2-2-3所示。

▲ 图2-2-2　京麦工作台主界面

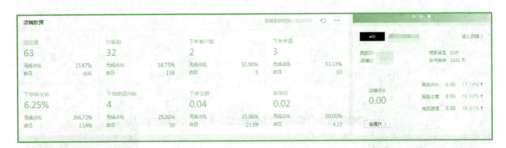

▲ 图2-2-3　工作台的店铺数据界面

（三）京麦工作台常用模块设置

1. 基础功能　基础功能包括输入网址，打开网页，在京麦工作台上方的搜索框中可以搜索各类服务插件、功能模块等，如图2-2-4所示。

▲ 图2-2-4　京麦搜索框

京麦搜索框的详细解释：①向左、向右的箭头和刷新按钮与一般浏览器一样，可分别实现当前页面后退到前一页面、前进到后退前的页面、刷新当前页面的操作。②在网址栏中输入所需要的插件名称或相应的描述，回车后将会跳转到服务市场中显示搜索的结果。若输入的是外部链接，将会使用电脑中相应的浏览器并打开对应的网站。③点击网址栏右侧向下的箭头可查看历史输入的内容。④点击网址栏右侧的"JD"，将打开京东官网。⑤点击右侧的咚咚图标，将打开咚咚。⑥点击消息图标后，将展示商家收到的消息，如果有未读消息时，会有红点提醒。

　　2. 最近使用插件　　京麦工作台会根据商家的使用情况，默认将近期最常用的插件展示在"最近使用的插件"模块，方便商家下次直接点击进入。点击"最近使用插件"右侧的按钮，可进入"我的插件"，查找到自己正在使用中的插件。

　　步骤一：点击插件即可进入插件的使用页面。

　　步骤二：点击插件右上角的钉子图标，图标亮起后此插件将会出现在上方快捷导航栏中，再次点击，钉子图标熄灭，此插件从快捷导航栏中消失。

　　步骤三：左侧是对所有的插件的分类，商家可在不同的分类中找到想要使用的插件。如图 2-2-5 所示。

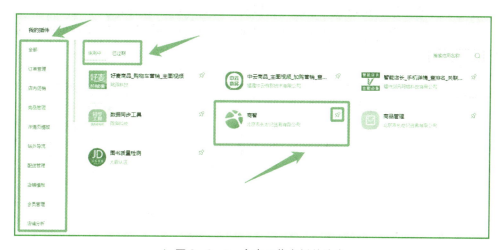

▲ 图 2-2-5　京麦工作台插件分类

　　步骤四：可在"使用中"查到商家目前可以使用的插件，在"已过期"中找到已过期、无法使用的插件，可通过续费来继续使用。

　　3. 店铺提醒　　店铺提醒中显示了有关店铺中订单、促销、违规、奖励、售后、商品、活动、仲裁的消息，商家可点击想要查看的信息，进入对应的商家后台或营销中心界面查看详细信息。

　　点击"店铺提醒"右侧上方的图表，将进入商家后台的首页，查询到更多店铺信息的详细情况。如图 2-2-6 所示。

　　4. 店铺数据　　店铺数据中能看到店铺内各项关键数据，例如成交总金额、成交总单量、总访客数、总浏览量、成交商品件数、全店转化率等数据。

▲ 图2-2-6　店铺提醒界面

（1）显示了店铺目前产生的多种数据，同时会显示昨日的数据，方便商家进行对比。

（2）点击右上角的刷新按钮可刷新店铺数据中显示的数据。在按钮左侧可以查看数据更新的时间。

（3）点击序号3（图2-2-7）的按钮，商家可以对展示出的店铺数据类型进行排序，例如按照日常查看数据的习惯，将重点关注的数据类型展示在页面首屏。

（4）点击序号4（图2-2-7）的按钮，商家可以自行配置增减需要在首页展示的数据项。

▲ 图2-2-7　店铺数据界面

5. 营销中心　营销中心主要展示当前店铺参与活动、设置促销、发放优惠券、店铺会员、赛马活动数据等张贴的提示，商家可以通过点击"可报名活动"进入活动页面进行活动报名、待审核活动、赛马活动的数据查看等。

点击营销中心界面的右上角"…"按钮可以直接进入营销中心的更多操作，如图2-2-8所示。

项目二 熟悉客服常用工具的使用

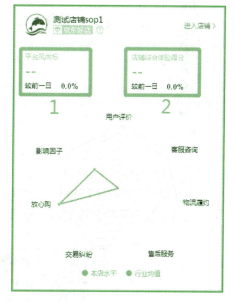

▲ 图2-2-8 营销中心界面

6. 平台风向标 京东平台风向标是京东平台对店铺综合服务能力评价的模型,类似淘宝平台中的店铺动态评分。风向标明确了店铺综合服务能力提升指标的考核方向,有助于商家提升消费者认可度并获得更多的平台支持,也为消费者购买商品提供了决策依据。

商家可以直接查看店铺平台风向标的得分数据及店铺综合体验得分,包含用户评价、客服咨询、物流履约、售后服务、交易纠纷。如图2-2-9所示。

二、京麦咚咚

(一)简介及账号授权

独立使用的店铺客服平台京麦咚咚PC端在2020年6月下线,现已内嵌在京麦中的咚咚,可以方便商家与买家之间联系,商家客服可在京麦咚咚上回复买家的各类咨询。如图2-2-10所示。

▲ 图2-2-9 平台风向标

▲ 图2-2-10 京麦工作台-咚咚图标

2-23

主账号可直接登录咚咚，子账号需要主账号在商家后台创建，创建时需要绑定手机，同时给子账号选择有在线客服权限的角色。其中咚咚客服管理的授权步骤如下。

（1）角色授权：账号管理→角色管理→添加权限→勾选在线客服。

（2）子账号授权：账号管理→员工管理→新建员工→勾选在线客服对应角色。

（二）界面演示

方法一：登录京麦工作台PC端版，在京麦首页右上角点击"咚咚"标识，即可进入聊天界面，如图2-2-11所示。

▲ 图2-2-11　咚咚标识界面一

方法二：选择浮窗左边第二个"咚咚"标识，即可进入聊天界面，如图2-2-12所示。点击悬浮工具栏头像的右下角可以设置咚咚工作状态，如在线、离开、挂起、离线。

▲ 图2-2-12　咚咚标识界面二

三、咚咚客服精灵

咚咚客服精灵是一款京麦工作台客服聊天的插件，咚咚客服精灵是联合京东咚咚产品与研发功能开发的插件。主要帮助服务商提升客服工作效率，主要功能有AI智能摘要、智能会话结束预测、一站式集成顾客信息、个性化精准营销、一键审核更改订单信息等。商家只需在JDM服务市场中搜索"咚咚客服精灵"即可订购，如图2-2-13所示。

▲ 图2-2-13 服务市场咚咚客服精灵界面

（一）授权使用

步骤一：授权咚咚客服精灵，使用主账号访问并登录JDM服务市场，选择服务管理中心，点击指定子账号"编辑"，勾选"咚咚客服精灵"的访问权限并保存，如图2-2-14所示。

▲ 图2-2-14 授权咚咚客服精灵

步骤二：打开京麦工作台，点击右上角"＋"按钮，找到并点击咚咚客服精灵，就可以使用该工具，如图2-2-15所示。

（二）功能介绍

咚咚客服精灵的四大功能模块包括：客户订单、服务单、商品、智能辅助，如图2-2-16所示。

▲ 图2-2-15 京麦打开咚咚客服精灵界面

▲ 图2-2-16 咚咚客服精灵四大功能模块

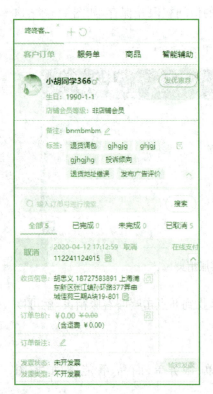

▲ 图2-2-17 客户订单界面

1. **客户订单** 咚咚客服精灵的客户订单功能包含：查看顾客基本信息；发送优惠券；为顾客添加备注和有利于身份识别的标签；输入订单号可以搜索当前聊天顾客在本店铺的订单以及订单状态，如已下单、已付款、待收货；提供一次更改顾客收货地址的功能；可更改价格，当运费为0时，不支持改价。如图2-2-17所示。

2. **服务单** 咚咚客服精灵的服务单功能包含4个模块，分别是搜索、服务单概要、服务单详细信息、查看日志，如图2-2-18所示。

（1）搜索：可以根据订单号或者服务单号搜索本顾客在本店铺内近1年的服务单信息。

（2）服务单概要：可以显示当前的服务单状态、服务单号、申请时间以及订单号。

（3）服务单详细信息：可以显示当前服务单的详细信息，如顾客期望、申请理由、问题反馈、返回方式、审核结果、联系人、联系方式、取件方式、收货地址、商品信息。

(4)查看日志：可以查看当前服务单的进度。

3. 商品 咚咚客服精灵的商品功能包含4个模块，分别是猜他喜欢-智能导购、用户足迹、购物车、收藏关注。

(1)猜他喜欢-智能导购：猜他喜欢-智能导购功能会根据不同的场景来预测顾客心仪的商品，从而提高询单转化的成功率，如图2-2-19所示。

▲ 图2-2-18 服务单界面

▲ 图2-2-19 猜他喜欢界面

智能导购推荐分为4种场景推荐，如表2-2-1所示：

表2-2-1 智能导购的四种场景推荐表

场景	智能导购推荐
客户咨询的商品无库存	相似度高的有库存商品
客户主动咨询描述相关商品	按顾客描述推荐相关商品
客户咨询满减/折扣商品时	显示相关优惠活动或商品
客户咨询时无明显诉求	显示热销商品

（2）用户足迹：用户足迹功能会显示客户在店铺所浏览的商品记录，如图2-2-20所示。

（3）购物车：购物车功能会显示客户在店铺加入购物车的商品记录，商家或客服人员可以复制商品链接或直接发送给顾客，如图2-2-21所示。

▲ 图2-2-20 用户足迹界面

▲ 图2-2-21 购物车界面

▲ 图2-2-22 收藏关注界面

（4）收藏关注：收藏关注功能会显示客户在本店铺收藏关注的商品记录，如图2-2-22所示。

4. 智能辅助　咚咚客服精灵中的智能辅助功能，当会话结束概率达到设置的概率时，会发送结束确认语卡片，同时可以选择手动发送或自动发送。点击自定义设置可以设置自动回复的结束语，如图2-2-23所示。

项目二　熟悉客服常用工具的使用

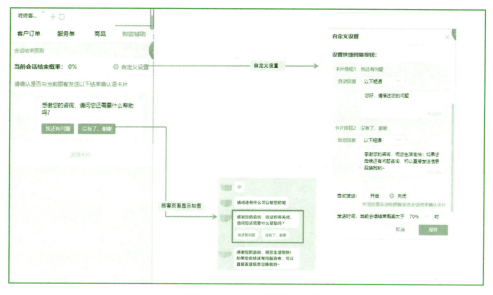

▲ 图 2-2-23　智能辅助功能

任务评价

通过本任务的学习，请按表 2-2-2 检查看掌握的所学内容。

表 2-2-2　京东客服常用工具的使用评价表

序号	鉴定评分点	分值	评分
1	熟悉京麦工作台并能下载安装	20	
2	能独立并快速地在京麦咚咚接待顾客	40	
3	掌握咚咚客服精灵的所有功能使用	40	

知识延伸

1. 售后自动化平台。
2. 挽留订单系统。

以上知识延伸的内容，可扫描二维码进行学习。

2-2-2
知识延伸

能力拓展

请同学们通过咚咚客服精灵工具选择 1 个待支付状态的客户进行催付和优惠券发放，老师根据同学完成情况给出相应的评价和指导。

模块二
网店客服工作流程

在传统的线下店铺交易过程中,会有工作人员为顾客介绍产品、推荐产品,完成商品交易的整个过程,而网店的工作人员就是客服。因为网店的交易在未收到货之前都是数据化的,因此也产生了更多的问题和众多繁琐的操作流程,作为一个网店客服不仅仅只是像传统店铺一样介绍产品和推荐产品,更需要熟练掌握各种网店的操作流程,给客户在交易过程中提供优质的购物体验正是网店客服的日常工作流程。

本模块通过介绍淘宝的千牛工作台以及京东的京麦工作台如何进行各项功能的设置来帮助客服日常工作顺利进行。

项目三　淘宝客服工作流程

一家销量好的店铺每天的客流量是巨大的,为了区分不同需求的客户就需要将不同的客户进行"好友分组",而客人访问店铺的时间也是不确定的,客服不可能24小时时刻在岗,因此也需要合理地设置"聊天回复"功能。当积累的客户群体量大时,就要对客户进行"打标签"及"分级管理"等措施来更好地提高客户价值。

本项目除了介绍上述操作步骤之外,还将演示客服工作时使用千牛工作台的各项功能操作流程。

 网店客户服务与管理

任务一　好友分组及聊天回复设置

学习目标

1. 掌握千牛添加好友及分组的操作步骤。
2. 掌握自动回复、快捷短语、保存消息记录、过滤骚扰信息的设置步骤。
3. 掌握千牛机器人的设置步骤。
4. 掌握千牛平台团队设置的操作步骤。

任务描述

粉丝经济时代的来临,意味着客户已然成为每个店铺最宝贵的资源。在日常,客服需要亲自动手回复客户,但是当活动促销、接待量巨大的时候,为了能够提高询单转化率,通常可以使用千牛自动回复及千牛机器人,取得缓冲时间,以便开展下一步咨询接待工作。

根据任务实施步骤的演示,在千牛工作台上为自己店铺的客户进行"添加好友及分组""聊天回复""千牛机器人设置"及"团队设置"的操作训练,从而真正掌握千牛工作台这一功能的使用。

任务分析

客服人员要学会维系好客户关系,将新客户转变为老客,有了自己的老客户,在上新的时候会更容易破零,同时老客户的回购率和转化率是能够直接拉升店铺权重的。当前来店铺咨询的客户越来越多时,客服人员应该借助千牛平台的基础功能设置及千牛机器人来缓解客户接待的压力,避免造成因回复不及时而流失客户。

在学习本任务的过程中,需要注意的是在设置自动回复时,在什么情景下回复什么内容,回复内容需要热情且直观,能引导客户继续询问。若是回复内容过于冷淡,很有可能会失去客户的询单。

任务准备

1. 准备好千牛工作台客服账号及登录密码,确保可进行正常操作。
2. 确保电脑设备及网络正常且稳定。

任务实施

一、千牛添加好友及分组

客服将前来咨询、请求售后或潜在买家添加为好友,并将其分组,是收集买家资源的一大手段。

步骤一:在聊天窗口上方单击"加为我的好友",如图3-1-1所示。

步骤二:在跳出的添加好友成功的对话框里设置显示名与分组,如图3-1-2所示。

▲ 图3-1-1 加为我的好友

▲ 图3-1-2 设置显示名与分组

二、千牛聊天回复设置

1. 设置自动回复 网店客服每天要接待大量的客户咨询,咨询量增加后也给客服带来了压力。店铺客服的数量是有限的,有时无法及时回复每一位客户的问题,而大多数客户在前期咨询的都是些重复性高的问题,因此启用自动回复功能可以在忙碌、无暇回复的情况下自动回复客户的问题。

步骤一:在千牛接待中心界面的左下角点击"系统设置"按钮,如图3-1-3所示。

步骤二:进入系统设置界面,点击"自动回复"板块里的"自动回复"按钮。

步骤三:进入自动回复功能后,点击"自动回复短语"板块里面的"新增"按钮。

步骤四:点击"新增"按钮后,在跳转的对话框中输入新增的自动回复内容,可设置字体、字号及插入表情等,内容设置后点击【保存】。

步骤五:可以看到自动回复短语框里显示刚设置好

▲ 图3-1-3 系统设置

3-1-1
千牛聊天
如何设置
自动回复

的内容，可以用同样的方法新增其他的自动回复短语。

步骤六：切换到"设置自动回复"界面，按照店铺需求勾选并设置个人回复，设置完毕则自动回复设置已完成。

2. 设置快捷短语　　客服将经常回复的内容进行编辑保存，在下次回复时，可以直接发送快捷短语而不需要重新打字编辑，有效地提高了工作效率。

步骤一：在聊天窗口中点击"快捷短语"图标，如图3-1-4所示。

步骤二：页面右侧会出现快捷短语内容列表，点击页面底部的"新建"按钮。

步骤三：弹出新增快捷短语对话框，按照提示输入快捷短语、快捷编码以及选择新增分组。设置完成后，点击【保存】。

步骤四：在聊天界面的右侧会显示设置好的快捷短语，需要发送给买家的时候，直接选择并单击即可。

3. 保存消息记录　　聊天记录无论对于卖家还是买家都很重要，建立客户档案、总结交流经验、查找口头承诺过的协议及发生纠纷时取证，这些都离不开聊天记录，因此，对聊天记录的保存十分重要。

步骤一：点击千牛接待中心界面左下角的"消息管理器"，如图3-1-5所示。

▲ 图3-1-4　快捷短语

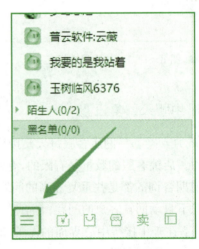
▲ 图3-1-5　消息管理器

步骤二：进入消息管理器界面，选择需要保存聊天记录的买家的聊天界面。

步骤三：把鼠标移到买家昵称上，鼠标右击，出现"导出消息记录、查看资料"等按钮。点击"导出消息记录"。

步骤四：弹出选择要保存的聊天记录的时间范围框，设置好时间范围后点击【确定】。

步骤五：在打开的对话框中设置保存的位置、文件名及保存类型并点击保存。

提示：这里保存类型有两种，TXT文件类型可以在导出后直接打开查看预览，但不支持导入；IMD 文件类型可以重新导入聊天记录中,但不方便在电脑中直接查看。

步骤六：显示已经完成导出,点击【确定】,聊天记录就保存到本地电脑了。除了消息记录导出保存外,还可以使用截图功能直接将消息记录保存为图片格式。

4. 过滤骚扰信息　过滤广告信息和陌生人的骚扰是客服工作中非常实用的一步。

步骤一：点击接待中心界面左下角的"系统设置",如图 3-1-6 所示。

步骤二：点击"安全设置"下的"防骚扰"并勾选页面右侧的选项,如图 3-1-7 所示。

▲ 图 3-1-6　系统设置

▲ 图 3-1-7　防骚扰

三、设置千牛机器人

如今是智能机器人时代,客服如果能很好地运用千牛的智能机器人来处理客户的咨询,在咨询量大的时候可以大大提高工作效率以及服务质量。

1. 半自动回复　半自动回复是指当消费者咨询问题的时候,系统一旦匹配到相同的问题时,机器人就会自动做出回复。

步骤一：登录千牛工作台首页,在界面左侧找到"客户服务"板块,点击里面的"阿里店小蜜",如图 3-1-8 所示。

步骤二：进入阿里店小蜜界面后,根据提示完成开启。

步骤三：回到千牛工作台,打开接待中心窗口,找到最近联系的人员任意点击一个,双击打开好友聊天界面后找到"➕"选项并打开它。点击"客户运营"选项,添加机器人应用（新版需要先开启阿里店小蜜才能使用）。

步骤四：关闭"我的应用"窗口,回到聊天界面,找到机器人选项并打开。在右上角有个"设置"板

▲ 图 3-1-8　阿里店小蜜

3-1-4
如何设置
千牛机器人
半自动回复

块,点击里面的"全店设置"。

步骤五:进入"全店设置"后,系统自动整理了50个问题的答案,可解决日常80%的咨询,根据自己的需求去"采纳"或者"修改"答案。设置完毕后,点击界面下方的【确认完成】即可完成半自动回复。

2. 数字回复　数字回复是指卖家设置问题导航,以数字的形式取代问题,通过回复数字,引导买家自动购物,提升买家自主解决问题的能力,是缓解客服压力和及时回应买家的最好办法。

步骤一:打开千牛工作台,在首页上方搜索栏内输入"团队管理",跳出该功能后点击进入该功能,如图3-1-9所示。

步骤二:进入团队管理界面后,找到"自动回复"板块,点击里面的"新增模板"进入模板编辑。

步骤三:进入模板编辑后,先设置"模板名称"再勾选"模板内容"并输入回复文本,输入完成后在页面下方有个"关联问题"板块,点击里面的"选择问题"。

▲ 图3-1-9　团队管理

步骤四:进入选择问题界面后,在界面里选择"添加新的问题"根据自身需要进行"文本编辑",编辑完成后"勾选"问题,最后点击"确定"。

步骤五:问题设置完成后,在界面下方点击"选择客服"选择可以使用该模板的客服账号,然后"勾选"使用条件,最后点击"保存",则数字回复生效。

步骤六:数字回复生效后,买家在咨询时只要输入数字便可自动回复相对应的回答内容。

四、团队设置

团队是由多个客服组成的,团队内的成员可以共用签名、自动回复或快捷短语等。

步骤一:设置团队签名。打开千牛工作台首页,在上方搜索栏内输入"团队管理"出现团队管理功能,点击进入该功能,如图3-1-10所示。

步骤二:在跳转的页面中,找到"团队签名"板块,在板块内点击"新增签名"。

步骤三:设置签名内容,并勾选"允许客服个人修改"和"保存时立即生效"。

步骤四:同步客服。点击"选择客服",在跳转的对话框中选择客服,然后点击【确定】。

▲ 图3-1-10　个性签名

项目三 淘宝客服工作流程

步骤五：全部设置完成后点击【保存】，团队签名设置完成。

步骤六：签名生效后，还可以对签名进行关闭、修改和删除等操作。

步骤七：可以新增多个签名，但是新增签名仅显示一个生效的签名，若多个签名选择了相同的客服，则只会在生效的签名中显示生效客服。

步骤八：自动回复设置。点击"自动回复"-"新增模板"。

步骤九：按照页面提示，填写设置回复内容。全部设置完成后点击【保存】，团队自动回复设置完成。

步骤十：禁用语设置。点击"禁用语"，在出现的文本框中输入短语，或点击"使用官方禁语"，然后点击【保存】。

 任务评价

通过本任务的学习，请按表3-1-1检查掌握的所学内容。

表3-1-1 好友分组及聊天回复设置操作评价表

序号	鉴定评分点	分值	评分
1	掌握千牛添加好友及分组的操作步骤并能独立完成	20	
2	掌握千牛自动回复、快捷短语、保存消息记录及过滤骚扰信息设置的操作步骤并能独立完成	30	
3	掌握千牛机器人半自动及数字回复的操作步骤并能独立完成	30	
4	掌握千牛团队设置的操作步骤并能独立完成	20	

 知识延伸

怎样把淘宝客户转化成微信好友。可扫描二维码进行学习。

3-1-7
知识延伸

能力拓展

为了更好地掌握千牛自动回复设置的操作步骤，现根据以下4种情况，请同学们登入千牛完成自动回复设置的操作。

1. 情景一：当天第1次收到买家消息时自动回复

（1）您好，欢迎光临本小店，请问您喜欢哪件宝贝？我可以帮你介绍一下哦～～我是客服"某某"。

（2）您好，非常高兴为您服务，有什么可以为您效劳的呢？

2. 情景二：当我的状态为"忙碌"时自动回复

现在小店都有优惠活动哦～～ 亲亲有时间可以了解一下哦。

3-7

3. 情景三：当我的状态为"离开"时自动回复

（1）亲爱哒～ 掌柜外出发货，非常抱歉不能及时回复您的信息，您可以在小店先慢慢挑选，一定要等掌柜哦！掌柜回来马上回复！

（2）亲爱哒～ 不好意思，现在忙于打包发货中，有事请留言，晚点给你回复，谢谢！

4. 情景四：当正在联系人数超过 40 人时自动回复

亲爱哒～ 客人比较多哦，不要着急呢，我会一个个回复哦，请耐心等待下噢。

项目三　淘宝客服工作流程

任务二　千牛建群打标与分级管理

学习目标

1. 掌握千牛建群的操作步骤。
2. 掌握使用千牛平台给买家打标签的操作步骤。
3. 掌握使用千牛平台对买家进行分级管理的操作步骤。

任务描述

在网购客户体量如此庞大的今天，当店铺拥有一定数量的客户群体时，作为卖家则需要针对性地管理客户，才能更有效率地将客户资源变现。想要针对性地管理客户首先就要对客户进行分类，以便后续针对性管理。在使用千牛时，主要的分类方法有："建群""打标签"及"分级管理"。

现需要你根据任务实施步骤的演示，在千牛工作台上为自己店铺的客户进行"建群""打标"及"客户分级管理"的操作训练，从而真正掌握千牛工作台这一功能的使用。

任务分析

在这个网络购物盛行的时代，一家网店的客户可能有几百个甚至成千上万个，面对如此庞大的客户体量，作为店铺管理者，就需要用大数据的手段来管理、维护店铺客户。

"建群"是为了方便后期客户的维护和分组推广；"打标签"是为了便于分辨买家，将具有类似特性的买家归为一类，以便未来针对同类买家做促销活动的推送；"客户分级管理"是为了区分不同价值的客户，从而采取不同的营销策略进行维护。

通过本任务学习后，学员可以将自己店铺中杂乱无序的客户群体做一个整合、细分，将客户群体的特性分类，为店铺今后运营打好基础。

任务准备

1. 准备一个拥有一定客户数量的千牛账号。
2. 确保网络和电脑设备正常且稳定。

3-9

网店客户服务与管理

一、千牛建群

对于不同的客户可以采取不同的营销手段与维护方式,因此卖家可以通过建群来将特定的客户群体拉入相同的群以便进行后续工作。

步骤一:登录千牛平台首页,点击右上角"接待中心",如图3-2-1所示。

3-2-1
千牛平台
建群的步骤

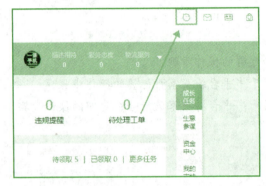

▲ 图3-2-1 千牛主页

步骤二:进入接待中心界面后,点击"+"创建群。

步骤三:选择"普通群",点击【开始创建】。

步骤四:编辑群名称、群分类、群介绍、入群验证方式及群权限等,点击【提交】。

步骤五:提交后,点击【完成】或【立即邀请成员加入】即可,建群完成。

二、为客户打标签

不同的客户有不同的消费习惯、消费特性以及爱好、性格等。因此卖家在与客户沟通时可以为客户打上相应特性标签,以便下次沟通时快速识别用户特性。

步骤一:打开千牛接待中心,点击"最近聊天",选择任意客户进入聊天界面,如图3-2-2所示。

3-2-2
在千牛平台为
客户打标签

步骤二:进入买家聊天界面后,可以看到右侧客户信息界面下方有个"客户标签"区域,点击"创建新标签",输入标签内容后,点击【保存】即可。

步骤三:当客服与买家沟通时,如果发现买家已有设置标签,点击"已有标签"单击对应标签属性,点击【确定】即可完成对该买家的打标签工作。

步骤四:当客服完成打标签工作后,再与该买家沟通时就能直观判断出该买家的特性并调整自己的沟通方式。

三、对客户进行分级管理

当店铺的客流量达到一定数量时,卖家的精力是有限的,此时卖家就需要将不同价值的客户区分出来,对所有客户进行分级,然后再进行统一的管理。

步骤一:进入卖家中心,点击"交易管理",选择"已卖出的宝贝"。如图3-2-3所示。

▲ 图3-2-2 选择客户进入聊天界面

▲ 图3-2-3 交易管理

3-2-3
对客户分级
管理

步骤二:进入"已卖出的宝贝"界面,在下方选择相应条件的用户搜索订单后,点击"批量导出"。

步骤三:进入导出界面后,等待订单加载完成,点击"下载订单报表"。

步骤四:打开已下载好的订单报表,得到系统生成的订单数据报表。

步骤五:随后根据订单报表选取买家会员名、买家实际支付金额、订单付款时间记录下来,进行下一步操作。下面模拟一批客户数据进行操作示范。

步骤六:先进行用户数据挖掘,在表格中插入数据透视表,勾选"选择一个表或区域",然后选中上述记录汇总的数据,点击【确定】。

步骤七:在数据透视表区域内的"行"内容框里拖入"买家会员名称",在"值"内容框里拖入求和项:"买家实际支付金额"和计数项:"订单付款时间"。

步骤八:结果按照降序排列,能得到一组数据。

步骤九:得出数据透析结果后,需要再做1次平均化处理,因为客户价值的高低是购买频率跟购买金额平均化的结果,有的客户购买次数多,但是每次金额很低,所以他的价值反倒不如购买单价高的客户。

购买频率打分:可以看到有的用户购买频率高,但每次购买金额并不高。为了挖掘出"购买频率高,购买金额高"的人群,将购买频率在2次以下的用户,统一得分为1分(购买频率得分即为其购买次数)。购买次数在2次(含2次)以上的人统一得分为5分。

购买金额打分:将平均每次购买金额进行四分位分区,为其购买金额打分。用

Excel工具筛选出消费金额前四分之一的客户群,算出他们平均每次的购买金额,填写表格。如表3-2-1所示。

表3-2-1 购买金额分析表

	平均每次购买金额	得分区域	得分
最大值	4 653	1＜X＜44	1
3/4 位值	1 123	44＜X＜495	2
1/2 位值	495	495＜X＜1 123	3
1/4 位值	44	1 000＜X＜4 653	4

通过上述两个步骤,每个客户可以得到两组打分,分别是"购买金额得分"和"复购次数得分"。这两个指标分别给予50%的权重,则每个客户可以得到一个综合评分。

步骤十:通过上面的数据处理,我们将用户进行了分层,分为高/中/低价值客户,从数字上发现中、高价值的客户复购率都比较高,且每次消费金额远高于低价值客户。因此,中、高价值客户,是我们后续需重点维护的对象。

步骤十一:针对不同价值的客户,卖家应采取不同的营销策略。对中高价值的客户应更加注重产品及服务质量,上新及时推荐;低价值的客户则着重促销优惠。

任务评价

通过本任务的学习,请按表3-2-2检查掌握的所学内容。

表3-2-2 千牛建群打标与分级管理操作评价表

序号	鉴定评分点	分值	评分
1	掌握千牛建群的操作步骤并能独立完成	30	
2	掌握千牛对客户打标签步骤并能独立完成	30	
3	掌握千牛对客户分级管理步骤并能独立完成	40	

知识延伸

1. 对客户打标签的意义。
2. 客户分级管理的意义。

以上知识延伸的内容,可扫描二维码进行学习。

3-2-4 知识延伸

项目三 淘宝客服工作流程

 能力拓展

请从课程素材表中下载提供的模拟用户数据进行分级计算,并对客户价值层级进行划分。

表 3-2-3 课程素材表

客户会员名	买家实际支付金额	订单付款时间
美丽人生	88	2019/8/2 17:24
淘气 4558	799	2019/9/4 14:05
爱的 N 次方	50	2019/10/1 14:29
安抚发公	159	2020/1/2 12:49
王 111	49	2020/1/5 13:04
海棠	499	2020/1/9 17:18
王 111	69	2020/1/15 14:59
王先生	999	2020/1/20 18:24

3-13

任务三　物流及运费模板设置

 学习目标

1. 掌握物流设置步骤。
2. 掌握物流运费模板设置步骤。

 任务描述

在网店运营的过程中，物流及运费模板设置是必不可少的一个步骤，本任务将通过图文的方式演示物流及运费模板设置的两个主要内容："物流服务商的选择"和"运费模板设置"。

现需要根据任务实施步骤的演示，在千牛工作台上为自己的店铺选择物流服务商进行合作，并设置运费模板，从而真正掌握千牛工作台这一功能的使用。

 任务分析

因为每个物流服务商侧重的地区不一样，因此物流服务商是很多买家购买时首要的考虑因素，直接影响了买家的购买率。而运费模板则是关于运费的设置，对购买率的影响甚至大于物流服务商，因此卖家需要根据自己产品的受众人群去设置能最大程度提高购买率的物流服务商与运费模板。

 任务准备

1. 确保网络和设备正常且稳定。
2. 为了能更好地完成物流及运费模板的设置，在任务开始前，请同学们通过各种渠道去了解和学习与物流快递、服务等相关的信息。

 任务实施

一、物流设置

想要将商品送到买家手中，第一步就要使用到物流，在此之前先进行物流设置，物

项目三　淘宝客服工作流程

流设置主要有:"物流服务商开通"与"物流服务商加盟"两个内容,下面将逐一进行演示。

1. 物流服务商开通　在网店运营过程中,卖家需要先开通物流服务商,店铺才能使用该服务商进行快递发货。

步骤一:登录千牛平台首页,点击左侧"物流服务栏"中的"物流工具"。如图3-3-1所示。

步骤二:进入"物流工具"页面后,在下方选择卖家所需要的物流服务商,选择【开通服务商】。如图3-3-2所示。

步骤三:开通服务商后,卖家在往后的发货阶段就可以选择该服务商进行发货了。

▲ 图3-3-1　物流工具

▲ 图3-3-2　开通服务商

2. 物流服务商加盟　物流服务商开通只是代表在制作运单模板时可选择该服务商而已,如果需要长期合作以及后续自己打印快递单,需要与物流服务商进行加盟。

步骤一:打开千牛工作台首页,在左侧"物流管理"板块中点击"电子面单平台"。如

图3-3-3所示。

步骤二：进入"电子面单平台"后，界面中会出现众多物流服务商，根据卖家需求选择服务商点击【申请】进入"开通界面"。如图3-3-4所示。

▲ 图3-3-3 电子面单平台　　▲ 图3-3-4 申请加盟

步骤三：进入"开通界面"后，根据卖家具体情况根据提示完成填写，完成后点击【确认】。如图3-3-5所示。

▲ 图3-3-5 确认开通

步骤四：确认开通后，加盟申请就会提交到物流服务商处进行审核，然后联系物流服务商通过审核即可完成加盟。

二、运费模板设置

买家在购买商品时就涉及快递费用问题，卖家可根据个人需求设置运费模板来制定快递费用。

步骤一：打开千牛工作台主页面，选择"物流管理"板块，点击里面的"物流工具"。如图3-3-6所示。

3-3-1
运费模板
设置步骤

▲ 图3-3-6 物流工具

步骤二：进入物流工具界面后，选择"运费模板设置"板块，

项目三 淘宝客服工作流程

点击里面的"新增运费模板"。

步骤三:点击"新增运费模板"后,来到"模板编辑"界面。

步骤四:在"模板名称"编辑框内输入卖家自己命名的名称,此名称用于卖家自己查看。

步骤五:在"宝贝地址"内容框内输入商品的发货地址。

步骤六:在"发货时间"内容框内输入发货时间,如果条件允许尽量选择短时间发货,有助于提高购买率,但要如实填写,以免产生不必要的纠纷。

步骤七:运费方面卖家可选择"自定义收费"和"卖家承担运费"两种,自定义收费卖家可利用运费计算器计算运费,根据所需运费去自定义。

步骤八:有些地区可能物流比较便宜或者比较贵,这时可以适当地选择为指定地区设置指定的运费,点击运输方式下面的"为指定地区城市设置运费"进入运费编辑。

步骤九:进入运费编辑后,点击"编辑"选择需要指定的地区,选择完地区后,根据个人需要设置相对应的运费。

步骤十:也可为指定条件包邮,在界面下方勾选"指定条件包邮",在弹出的编辑框内设置地区及包邮条件即可。

步骤十一:如果卖家想要包邮的话,设置完其他信息后,点击"卖家承担运费"即可。

步骤十二:完成所需要的设置之后,点击界面下方的【保存并返回】即完成运费模板设置。

 任务评价

通过本任务的学习,请按表 3-3-1 检查掌握的所学内容。

表 3-3-1 物流及运费模板设置评分表

序号	鉴定评分点	分值	评分
1	掌握物流服务商开通步骤并能独立操作	30	
2	掌握物流服务商加盟步骤并能独立操作	30	
3	掌握运费模板设置步骤并能独立操作	40	

 知识延伸

扫描二维码学习如何选择一家靠谱的物流公司。

3-3-2 知识延伸

能力拓展

1. 根据店铺实际情况开通物流服务商。
2. 根据店铺实际情况选择加盟一些物流服务商。
3. 根据店铺实际情况设置店铺的默认运费模板和指定地区的运费模板。

任务四　千牛订单核对与修改

学习目标

1. 掌握千牛手动及自动催付的方法。
2. 掌握千牛核对订单内容的方法。
3. 掌握千牛给订单添加备注的方法。
4. 掌握千牛修改订单地址的方法。
5. 掌握千牛修改订单价格的方法。

任务描述

在店铺日常运作时，经常会遇到顾客已下单，但未进行付款的情况，此时及时进行"催付"或者"改价"等措施有助于提高客户的付款率。当客人付款后，作为卖家需要及时去"核对订单"，如客人需要，再进行"修改地址"或"添加备注"等。

根据本任务的演示步骤，用自己的千牛工作台进行"催付""改价""核对订单""添加备注"及"修改价格"等步骤操作，为今后的店铺运营打好基础。

任务分析

学员在日常经营中，需要把"核对订单""添加订单备注"及"修改订单地址"等步骤，变成交易过程中的必需项。而"催付"和"修改订单价格"则需要一定的技巧，例如："催付"需要一定的话术技巧，否则很难让顾客付款，具体可阅读本任务"知识延伸"部分。"修改订单价格"则要分析顾客类型，卖家在通过聊天中如果判断出客户购买欲望强烈，只是纠结于价格迟迟不下手，如不进行下一步措施客户很容易流失时，就可以适当进行"改价"措施。

任务准备

1. 确保网络和设备正常且稳定。
2. 店铺存在1个已下单但未付款的订单（也可用子店铺或者自己的买家账号在店铺中下单配合操作，全部实训操作完成后可申请退款）。

项目三 淘宝客服工作流程

任务实施

一、修改订单价格

在实际工作中,有时会遇到顾客还价或者需要加收税点的情况,此时客服需要让顾客先拍下订单,修改价格后再付款。

步骤一:打开需要改价的买家聊天窗口,点击右侧"订单"按钮。如图3-4-1所示。

步骤二:单击右下角【改价】按钮。

步骤三:单击"改价"按钮后,弹出修改订单价格界面,会有详细的信息修改方式。修改价格可以在优惠/涨价修改,输入加价的金额(减价在金额前面添加负号)即可。注意修改的价格范围不能超过订单金额的3倍。

▲ 图3-4-1 客户订单界面

3-4-1
修改订单价格的步骤

步骤四:另外也可以选择"一键改价"功能,单击界面中"一键改价"按钮,在弹出的输入框内输入所需要的价格,单击【确定】即完成改价。

二、千牛催付

当客服遇到已下单未付款的买家时,及时进行催付可有效提升付款率,催付分为手动及自动催付两种,以下将分别展示使用千牛进行手动及自动催付的操作步骤。

1. 手动催付

▲ 图3-4-2 买家订单信息

步骤一:使用千牛打开未付款买家聊天窗口,右侧有个信息栏点击订单,如图3-4-2所示。

步骤二:进入未付款买家订单信息界面后,点击右下角【催付】。

步骤三:单击【催付】后,聊天框会自动出现默认催付信息,卖家可直接发送或根据买家实际信息进行编辑修改,完成信息编辑后点击【发送】。

3-4-2
手动催付设置步骤

步骤四:随后催付信息会直接发送给买家,买家可点击信息中的链接进行付款,即完成一次手动催付工作。

2. 自动催付

步骤一:打开千牛工作台,点击界面上方搜索栏,输入"客户服务",随即出来该功能入口,单击进入该功能。如图3-4-3所示。

3-19

3-4-3
自动催付
设置步骤

▲ 图3-4-3 进入客户服务功能

步骤二：进入客户服务功能界面后，点击设置栏里面的"自动化任务"。

步骤三：随后页面右方有一个"自动催付"功能，点击【立即开启】。

步骤四：点击后进入自动催付设置，在下方根据自身需求设置规则参数点击【保存】即完成自动催付的设置。

三、核对订单内容

当客户付款后，以防买家疏忽填错订单内容造成后续物流出现问题，在买家完成付款后客服需要再次跟买家核对一次订单信息，核对订单内容分为自动核对与手动核对，下面将分别展示自动与手动核对订单内容的操作步骤。

1. 自动核对订单内容

步骤一：打开千牛工作台，在搜索栏输入"客户服务"进入该功能，如图3-4-4所示。

步骤二：进入客户服务界面，点击设置栏里面的"自动化任务"。

步骤三：点击自动化任务后，右侧界面中有一个"自动核对订单"，点击【立即开启】。

步骤四：在规则设置界面中，设置卖家所需要的规则参数，点击【保存】，当买家下单后系统就会根据规则发送核对订单信息给买家。

3-4-4
自动核对订单
操作步骤

▲ 图3-4-4 进入客户服务界面

2. 手动核对订单内容

（1）核对地址

步骤一：打开已下单买家的聊天窗口，点击右侧"订单"，如图3-4-5所示。

步骤二：点击页面下方的【地址】。

步骤三：点击地址后，会弹出一个选项框，点击右下角【发送地址】按钮，即可直接把地址发到聊天窗口中。

3-4-5
手动核对订单
操作步骤

步骤四：发送后聊天栏会自动出现买家所填写的地址，点击【发送】即可发给买家核对。

（2）核对商品信息：在核对买家收货地址的基础上，进行商品信息的核对，能够让我们的工作更加严谨。商品信息的核对可以降低买家多选、错选商品的失误概率。买家拍下的订单中，完整的商品信息结构应为：商品名字＋商品属性（颜色、尺码、规格）＋商品数量。针对一些买家同样的商品买了两件或者一些大额订单，客服详细与买家核对商品详细信息是非常有必要的。

（3）核对备注：除收货地址、收货商品详情的核对外，如果遇到消费者对商品购买交易有特殊要求的，需要和顾客进行进一步的详细确认，包括包装、快递时效要求、快递合作商、开具发票等，都可以根据实际情况和顾客详细核对。与消费者的所有聊天记录都属于书面约定，对特殊要求的再次确认可以避免一些不必要的差错。

例如，如果顾客需要开具发票，作为客服可以和消费者确认以下两个信息：①发票抬头、金额等；②发票的种类要求。

▲ 图3-4-5 订单信息

四、给订单添加备注

在实际的客服工作中，会遇到顾客有一些特别的要求，如指定的物流、发货日期等。此时，客服需要将买家特殊要求添加到订单备注中，才能够保证后续工作正常进行。以下将展示给订单添加备注的操作步骤。

步骤一：打开需要添加备注的客户聊天窗口，选择右侧的订单板块。如图3-4-6所示。

步骤二：单击订单左下角的【备注】。如图3-4-7所示。

▲ 图3-4-6 订单信息界面

▲ 图3-4-7 订单备注

▲ 图3-4-8 输入订单备注

步骤三：此时下方会弹出一个备注框，输入需要备注的信息，点击【保存】即可完成订单备注。如图3-4-8所示。

五、修改订单地址

在交易过程中，买家地址信息填写错误或者需要更换时，卖家就需要及时为买家修改订单地址。

步骤一：打开已下单的买家聊天窗口，在右侧"订单"界面下，单击【地址】会弹出一个对话框，单击对话框中的"修改"按钮。如图3-4-9所示。

步骤二：随后会出现一个"地址编辑框"，将需要修改的内容编辑好，点击【保存】即可完成订单地址修改。如图3-4-10所示。

▲ 图3-4-9 订单地址修改

▲ 图3-4-10 订单地址修改

 任务评价

通过本任务的学习，请按表3-4-1检查掌握的所学内容。

表3-4-1 千牛订单核对与修改操作评价表

序号	鉴定评分点	分值	评分
1	掌握千牛催付步骤并独立完成	20	

项目三 淘宝客服工作流程

(续表)

序号	鉴定评分点	分值	评分
2	掌握千牛核对订单步骤并独立完成	20	
3	掌握千牛订单添加备注步骤并独立完成	20	
4	掌握千牛修改订单地址步骤并独立完成	20	
5	掌握修改订单价格步骤并独立完成	20	

 知识延伸

可扫描二维码学习催付技巧。

 能力拓展

1. 请针对店铺需要改价的订单进行改价操作。
2. 请针对店铺的未付款订单进行手动催付设置。
3. 请为店铺设置自动核对订单内容。

3-4-6
知识延伸

网店客户服务与管理

任务五 订单发货及查询跟踪

学习目标

1. 掌握使用千牛打印快递单号的方法。
2. 掌握使用千牛发货的方法。
3. 掌握使用千牛查询物流状态的方法。
4. 掌握使用千牛查找订单的方法。

任务描述

在淘宝店铺运营的过程当中,会有非常多琐碎的操作,如:"打印快递单号""发货""查询物流"及"查找订单"等,而正是这些琐碎的操作组成了整个店铺的运营体系。

学习本任务时,根据演示步骤用自己的千牛工作台进行"打印快递单号""发货""查询物流"及"查找订单"等操作,用以加深自己对店铺运营体系的了解。

任务分析

本任务所要学习的4个知识点看似是4个独立的知识点,其实我们可以通过梳理其中的关系来把4个知识点整合成一个运营体系。

例如,在买家下单后,作为卖家要学会快速地自行"打印快递单",打印完成后才能进行"发货"操作并通知买家已发货。缩短发货的时间有助于提高买家的购买体验。当货物寄出之后,作为卖家也要及时地跟踪查询物流状态,当货物寄到后及时对买家进行回访,完善卖家的服务流程,进一步提升买家的购物体验,争取买家复购。当以后有老客户复购时,要学会查找客户以往订单来知悉客户以往的购买记录并判断客户的购买习惯。

任务准备

1. 确保网络和电脑设备正常且稳定。
2. 店铺存在一个待发货的订单(也可用子店铺或者自己的买家账号在店铺中下单并付款,全部实训操作完成后可申请退款)。

任务实施

一、打印快递单号

打印快递单及发货单是每个淘宝店主或者售中客服在发货过程中一个很重要的环节,可以通过借助千牛卖家服务市场上的一些打印软件打印快递单。

步骤一:打开千牛工作台,点击首页左侧下方"软件服务"栏里面的"我要订购",如图3-5-1所示。

步骤二:点击"我要订购"之后,会进入"服务市场",在服务市场里面的搜索栏上输入"打印快递单",点击【搜索】。

步骤三:搜索之后,会出现一系列的应用软件,卖家根据自身需求选择一个合适的快递单打印软件,这里我们选择"我打"软件。

▲ 图3-5-1 软件服务

步骤四:进入打印软件界面后,根据个人需要选择服务版本与周期,选择完毕后点击【立即购买】。

步骤五:购买完成后,可以点击千牛首页"软件服务"栏中"我的订购"查找到购买好的软件。

步骤六:随后会跳转到"我的服务"界面,找到购买的软件,点击【使用】。

步骤七:打开"我打"软件,随后跳转至启用界面,点击【开始打印发货】。

步骤八:在界面左侧选择需要打印的订单,选中后,点击右下角的【打印快递单】。

步骤九:选择需要的快递模板,比如"跨越速运",然后勾选要发货的订单,点击【打印快递单】。

步骤十:打印完成,页面会提示是否发货,选择【发货】即可。

二、使用千牛发货

当卖家完成打印快递单发货时,还需要在千牛上输入快递单选择发货。接下来将展示在千牛平台输入快递单号选择发货的操作步骤。

步骤一:打开千牛工作台,在首页选择"待发货",如图3-5-2所示。

步骤二:进入待发货界面后,选择需要发货的订单,点击【去发货】,如图3-5-3所示。

步骤三:在弹出的界面中,按照提示填写快递单号,输入完成后,点击【发货】即可完成发货操作,如图3-5-4所示。

三、查询物流状态

售中客服不仅是将快递寄出去,适时跟踪物流状态也是十分重要的。一般查询物流状态有快递官网查询和使用千牛查询两种,以下将分别展示两种查询方法的操作步骤。

▲ 图3-5-2 千牛首页

▲ 图3-5-3 待发货界面

▲ 图3-5-4 订单发货

1. 快递官网查询

步骤一：打开浏览器，搜索需要查询的快递官网，进入该官网，如图3-5-5所示。

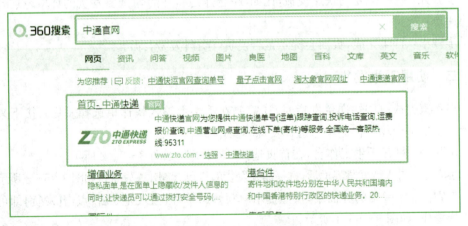

▲ 图3-5-5 中通官网

步骤二：进入该官网后，一般在官网首页都有快递信息查询栏，在查询栏内输入需要查询的快递单号，点击【查询】即可，如图3-5-6所示。

▲ 图 3-5-6 快递单号查询

▲ 图 3-5-7 客户订单界面

2. 千牛工作台查询

步骤一：打开要查询的买家聊天窗口，在右侧选择"订单"界面，在下方点击【查物流】，如图 3-5-7 所示。

步骤二：页面中会出现一个信息框，从中查看当前订单的物流状态，如图 3-5-8 所示。

四、使用千牛查找订单

在客服的日常工作中，可能会遇到有老客户购买产品的情况，此时客服可以通过查找订单来查看客户之前的购买信息，从而能够给客户提供更好的服务，接下来我们来学习一下如何用千牛查找订单。

步骤一：登录千牛首页，单击左侧"交易管理"中的"已卖出的宝贝"，如图 3-5-9 所示。

▲ 图 3-5-8 订单物流状态

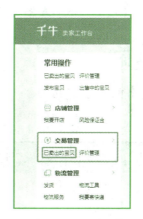

▲ 图 3-5-9 千牛首页

步骤二：进入"已卖出的宝贝"界面后，在上方输入栏内输入需要搜索的信息，点击【搜索订单】即可。如图 3-5-10 所示。

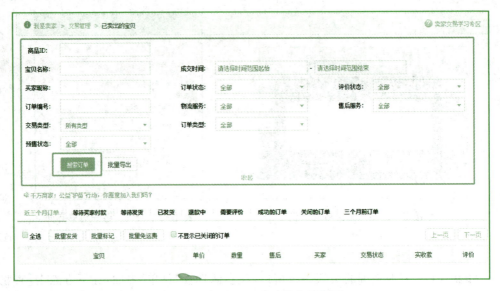

▲ 图3-5-10 已卖出的宝贝界面

步骤三：系统首页显示的是"近三个月订单"，如搜索不到，可在下方选择"三个月前订单"后，再进行搜索，如图3-5-11所示。

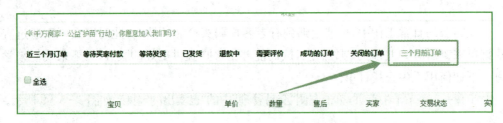

▲ 图3-5-11 三个月前的订单

 **任务评价**

通过本任务的学习，请按表3-5-1检查掌握的所学内容。

表3-5-1 订单发货及查询跟踪操作评价表

序号	鉴定评分点	分值	评分
1	掌握使用千牛打印快递单号步骤并独立完成	25	
2	掌握千牛发货步骤并独立完成	25	
3	掌握千牛查找订单步骤并独立完成	25	
4	掌握千牛查询物流状态步骤并独立完成	25	

知识延伸

1. 如何使用菜鸟电子面单。
2. 了解快递鸟电子面单应用程序编程接口（API）。

以上知识延伸的内容，可扫描二维码进行学习。

3-5-2
知识延伸

 能力拓展

1. 请使用千牛为自身店铺待发货的订单进行发货操作。
2. 请分别使用千牛和官网为店铺已发货但未确认收货的订单查询物流。

任务六　订单退换货及订单评价

 学习目标

1. 掌握使用千牛进行订单退换货的操作。
2. 掌握使用千牛进行订单评价的操作。

 任务描述

在电商领域如果想从根本上杜绝退换货的情况,理论上是不可能的。作为商家能够做的是最大限度降低退换货概率。那么如果遇到客户一定要退换货,作为卖家就要学会熟练地完成整个操作。而订单评价则涉及店铺的好评率,好评率对于一家网店至关重要。

现需要学生在学习本任务时,根据本任务演示步骤,使用自己的千牛工作台完成"订单退换货"和"订单评价"操作。希望学员通过本任务的学习能熟练掌握以上两种操作方式。

 任务分析

在进行订单退换货的过程中,产品或款项会再次发生转移,有的卖家因为没有规划好整个退换货步骤而导致"钱""货"两空,因此作为卖家要学会正确地退换货步骤才能减少不必要的损失。

订单评价是双向的,买家可以给卖家好评,同时卖家也可以给买家好评,当我们为买家添加好评时,此评价会出现在往后该买家的个人信息里面。而且当卖家给买家好评时,如买家在评价期内未做出评价,那么系统将默认回复给卖家好评,因此,及时为订单进行评价是一件非常重要的事情。

任务准备

1. 确保网络和设备正常且稳定。
2. 有待退款和待评价的订单。
3. 提前在千牛工作台中订购第三方插件"普云交易",并熟悉界面各功能。

一、订单退换货

卖家订单退换货属于订单管理范畴,淘宝官方目前没有订单管理软件,我们需要通过第三方软件进行操作,以下使用第三方软件"普云交易"对订单进行退换货操作。

1. 退货

步骤一:打开千牛工作台,在主页面中找到"店铺数据"板块,单击板块中的"退款中"按钮,随后跳转至"普云交易"管理系统。如图 3-6-1 所示。

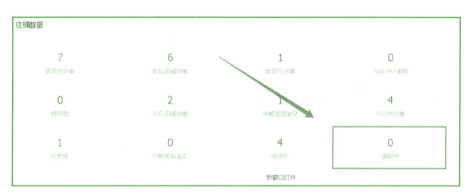

3-6-1
退货步骤

▲ 图 3-6-1　店铺数据

步骤二:进入"普云交易"界面后,点击界面上方的"交易管理"板块中的"退款管理"。

步骤三:进入退款管理界面后,找到需要退款的订单,在订单右侧点击"处理退货"按钮。

步骤四:进入退货界面后,卖家根据实际情况选择【同意退货】或者【拒绝退货申请】。

步骤五:点击【同意退货】后,会跳出两个文本框,分别在里面填写"退货地址"及"退货说明"完成后点击【同意退货】即可。

步骤六:作为卖家需要买家将退货商品寄回退货地址,卖家收到货物后,无其他问题就可以选择【已收到货,同意退款】,退货流程完成。

2. 换货

如买家需要换货,则直接在聊天框中与买家沟通好需要退换的产品及产品规格参数,并将换货的地址及收件人等信息提供给买家。另外需要告知买家退回的货品需要符合退换货要求,如图 3-6-2 所示。

同时还需要请买家点击【延长收货】,如图 3-6-3 所示。待收到货物,无其他问题即可安排换货产品发货。

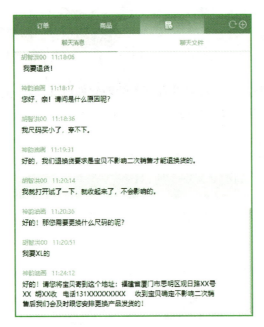 

▲ 图3-6-2　聊天截图　　　　▲ 图3-6-3　延长收货

二、订单评价

当买家完成交易后，买卖双方可互相进行评价。作为卖家需要对淘宝评价系统规则有一个充分的了解。

当交易完成后，系统会给买卖双方15天的评价期。如果在此评价期内，如买卖双方都无评价行为，那么系统默认双方均无评价。如果在此评价期内，卖家给予买家好评，那么评价期过后系统默认买家回复卖家好评。如卖家给予买家中差评，那么系统则不会自动为买家回复好评。

好评对于卖家来说十分重要，因此在交易完成后，卖家及时给予买家好评是至关重要的一个步骤。接下来将展示使用千牛对买家进行评价。

1. 手动评价

步骤一：打开千牛工作台，在界面中找到"待评价"入口，单击进入该板块。如图3-6-4所示。

步骤二：进入待评价界面后，找到需要评价的订单，在订单左侧点击"评价"按钮，如图3-6-5所示。

步骤三：进入订单评价界面后，根据需要进行评价，评价完成后，点击【确认】。如图3-6-6所示。

项目三 淘宝客服工作流程

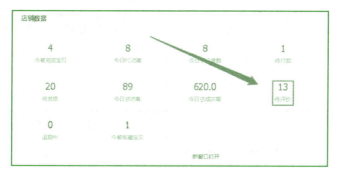

▲ 图3-6-4 待评价入口

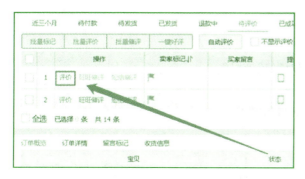

▲ 图3-6-5 评价

▲ 图3-6-6 给予买家评价

2. 自动评价

当订单交易量大时，作为卖家可能无法及时对客户进行评价，此时设置自动评价就显得尤为重要。淘宝没有自动评价功能，因此，自动评价需要购买第三方软件进行。

步骤一：打开千牛工作台，在左侧"软件服务"栏内，点击"我要订购"进入"服务市场"。如图3-6-7所示。

步骤二：进入"服务市场"后在上方搜索栏输入"自动评价"，点击【搜索】。

步骤三：点击【搜索】后，会出现众多第三方软件，根据个人需求选择一款软件进行订购。本任务选择"自动评价—评价助手"这个软件进行操作。

▲ 图3-6-7 软件服务

步骤四：进入购买界面后，选择所需要购买的规格后，点击【立即购买】即可。

步骤五：购买成功后，在千牛首页"我的应用"栏内找到该软件，点击进入。

步骤六：进入该软件后，在界面上方选择"自动评价"板块。在下方开启"总开关"并选择自己所需要的参数，点击【保存】即完成自动评价设置。

3-33

任务评价

通过本任务的学习,请按表3-6-1检查掌握的所学内容。

表3-6-1 订单退换货及订单评价设置评分表

序号	鉴定评分点	分值	评分
1	掌握千牛订单退、换货步骤	30	
2	掌握千牛手动评价步骤	30	
3	掌握千牛自动评价设置步骤	40	

3-6-3 知识延伸

知识延伸

1. 买家要求退货时,卖家应如何应对以减少损失。
2. 如何让评价作用最优化。

以上知识延伸的内容,可扫描二维码进行学习。

 能力拓展

1. 请针对店铺的待退款订单进行退款操作训练。
2. 请为店铺设置自动评价功能。

模块二
网店客服工作流程

项目四 京东客服工作流程

　　京东作为一家以品质、效率取胜的自营式电商平台,吸引了众多消费者群体,而作为京东平台的店铺客服,也应具备扎实的专业基础来为顾客提供优质的售前、售后服务。

　　本项目将通过教授各种客服技巧来帮助店铺进行客户维护,提升客户的购物体验。除此之外,本项目还将演示京麦工作台关于店铺运营的各项功能的具体操作流程,为学员打下良好的店铺运营基础。

任务一　好友分组及聊天回复设置

 学习目标

1. 掌握京麦添加好友及分组的操作步骤。
2. 掌握京麦自动回复、快捷短语、保存消息记录的设置步骤。
3. 掌握京麦机器人的设置步骤。

 任务描述

每一位顾客都是店铺的宝贵资源,日常客服工作中,作为一个合格的客服,尤其需要注重客户的购物体验,而当店铺客户量达到一定数量时,客服很难去维护好那么多的客户,所以就需要设置快捷短语,对每位客户进行分组,必要时需要运用自动回复功能来协助我们更快地为客户提供服务。

本任务根据实施步骤的演示,在京麦工作台上为你店铺的客户进行"添加好友及分组""聊天回复"及"京麦机器人设置"的操作训练,从而真正掌握京麦工作台这一功能的使用。

 任务分析

当一家店铺维护好现有客户时,这些客户能为他带来非常可观的复购率,而且交易起来会更加流畅。作为客服需要学会借助一些平台功能来帮助自己维护客户,以免因为客户咨询量过大造成因回复不及时而流失客户。

在学习本任务的过程中,需要注意的是在设置快捷短语、自动回复等内容时要让客户在沟通的过程中有被重视的感觉。

 任务准备

1. 准备好京麦工作台客服账号及登录密码,确保可正常进行操作。
2. 确保电脑设备及网络正常且稳定。

项目四 京东客服工作流程

> **任务实施**

一、京麦添加好友及分组

作为一名客服需要时刻记着为自己的店铺积累客户资源,因此每当有顾客前来咨询时,都可以对其进行好友添加及设置分组的操作,以便进行后续维护。

步骤一:选择聊天对象单击右键,选择"添加联系人"。如图 4-1-1 所示。

步骤二:在跳出的添加好友成功的对话框里设置分组位置,也可以选择新增分组。如图 4-1-2 所示。

▲ 图 4-1-1 添加联系人

▲ 图 4-1-2 设置分组

二、京麦聊天回复设置

1. 设置自动回复 人工客服无法 24 小时无间歇在线,而网店运营过程中又要讲究及时响应,这无疑会对客服造成莫大的压力,因此合理地运用自动回复功能可以在客服不在线或者客户咨询量大的情况下及时地响应客户的问题,有效提升工作效率。

步骤一:在京麦工作台主界面上方搜索栏内输入"咚咚客服管家",随后会出现该功能入口,单击进入该界面。如图 4-1-3 所示。

步骤二:进入京东客服管家界面,单击自动回复板块,选择"个人设置"功能。

▲ 图 4-1-3 咚咚客服管家

4-1-1
设置自动回复

步骤三:进入个人设置功能后,勾选使用个人版本功能,单击"编辑"按钮。

步骤四:进入编辑页面后,勾选自动回复使用情景,在下方文本框内输入自动回复文本,完成后单击【保存】按钮。

步骤五：设置完成后可以看到自动回复短语框里显示刚设置好的内容，可以用同样的方法新增其他的自动回复短语。

2. 设置快捷短语 前来咨询的客户有很多问题都是高频率出现的，因此可以将常用的回复用语编辑成快捷短语能有效地减少客服的工作量，同时也能更快地对客户进行回复。

▲ 图4-1-4 快捷短语

4-1-3
保存消息记录

步骤一：打开客户的聊天窗口，在界面中单击"快捷短语"图标，如图4-1-4所示。

步骤二：页面右侧会出现快捷短语内容列表，单击页面底部的"新建"按钮。

步骤三：出现新增快捷短语对话框，按照提示输入快捷短语、选择分组以及快捷编码等。设置完成后单击【确定】按钮。

步骤四：在聊天界面的右侧会显示设置好的快捷短语，需要发送给客户的时候，直接选择并单击即可。

3. 保存消息记录 聊天记录对于卖家来说是记住客户特性的一大辅助工具，必要时可以对特定客户的聊天记录进行保存，以便建立客户档案。

步骤一：打开京麦界面，在页面上方搜索栏内输入"咚咚客服管家"，随后出现该功能，单击进入即可，见图4-1-3所示。

步骤二：进入管家界面，选择咚咚查询板块，单击"聊天记录查询"功能，如图4-1-5所示。

步骤三：进入聊天记录查询界面，根据自身需要选择查询条件，完成后单击【查询】按钮。

步骤四：查询到消息记录后，单击消息页面上方的"导出"按钮。

步骤五：导出完成后，单击【下载】按钮。

步骤六：单击下载后，会跳出消息保存框，选择需要保存的位置及文件名，单击【保存】即可。

三、设置京麦机器人

如今是智能化的时代，学会运用机器人功能可以帮助客服人员在下班或忙碌时及时地回复客户的咨询，当机器人匹配到问题时就会自动进行回复，而识别不了时再进行人工转接，可以很大程度地减轻客服的工作压力。

▲ 图4-1-5 聊天记录查询

步骤一：登录京麦工作台首页，在页面上方搜索栏内输入"京小智"插件，单击进入该插件，如图4-1-6所示。

项目四 京东客服工作流程

▲ 图 4-1-6 京小智

步骤二：进入京小智后，选择问答配置板块，单击"接待模式设置"功能，根据自身需要进行设置即可，如图 4-1-7 所示。

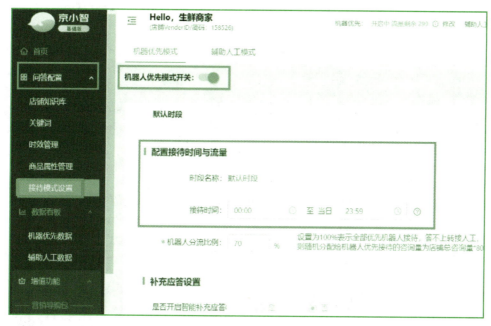

▲ 图 4-1-7 设置

任务评价

通过本任务的学习，请按表 4-1-1 检查掌握的所学内容。

表 4-1-1 好友分组及聊天回复设置操作评价表

序号	鉴定评分点	分值	评分
1	掌握京麦添加好友及分组的操作步骤并能独立完成	30	
2	掌握京麦自动回复、快捷短语和保存消息记录等操作步骤并能独立完成	30	
3	掌握京麦机器人设置的操作步骤并能独立完成	40	

4-5

知识延伸

可扫描二维码学习客服必知技巧——快速拉近跟客户的距离。

能力拓展

1. 将 3 个以上常用的回复用语设置成快捷短语。
2. 为第 1 次前来咨询的客户设置自动回复欢迎用语。

任务二　京麦建群打标与分级管理

  学习目标

1. 掌握京麦建群的操作步骤。
2. 掌握使用京麦平台给买家打标签的操作步骤。
3. 掌握使用京麦平台对买家进行分级管理的操作步骤。

  任务描述

当一家店铺积累到一定客户量的时候，客服人员需要学会对客户进行划分，有针对性地对不同客户群体制定适合的管理策略。本任务请你根据任务实施步骤的演示，在京麦工作台上为你店铺的客户进行"建群""打标"及"客户分级管理"的操作训练，从而真正掌握京麦工作台这一功能的使用。

  任务分析

客户体量大时，客户群体中的每个客户的消费习惯、消费能力是不一样的，因此为了方便以后对客户针对性维护和推广可以进行建群管理，同时为客户打上符合自身消费特性的标签有助于客服快速分辨出客户特性，而分级管理则是将客户的不同价值区分出来进行统一管理。

通过本任务学习后，学员可以将自己店铺中杂乱无序的客户群体做一个整合、细分，将客户群体的特性进行分类，为店铺今后运营打好基础。

  任务准备

1. 准备一个拥有一定客户数量的京麦账号。
2. 确保网络和电脑设备正常且稳定。

  任务实施

一、京麦建群

建立群组，将相同特性的客户添加到同一个群里进行统一的营销，效果会比覆盖式

4-2-1 京麦建群

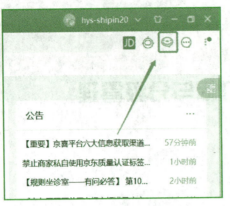

营销更好。

步骤一：登录京麦工作台主页，单击页面右上角的"咚咚"图标，如图4-2-1所示。

步骤二：进入咚咚界面后，单击"创建普通群"功能。

步骤三：随后会出现一个创建群组的弹窗，在左侧选择想要加入群组的联系人，选择完成后单击【确定】即可完成建群操作。

步骤四：建群完成后，单击"群头像"可以显示该群的资料框，可以修改群名称及发布群公告。

▲ 图4-2-1 京麦主页

二、为客户打标签

每一位客户的消费特性是不一样的，有的客户注重商品品质，有的客户喜欢新产品，有的喜欢优惠产品，因此，在接待客户时为每位客户打上标签是有助于我们以后对该客户进行针对性推销。

步骤一：打开咚咚界面，选择任意客户进入聊天界面，在界面右侧，选择"修改备注/标签"功能，如图4-2-2所示。

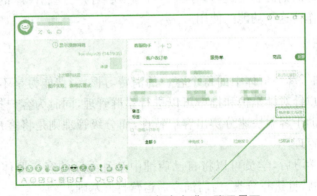

▲ 图4-2-2 选择客户进入聊天界面

步骤二：随后，界面上会弹出一个编辑框，在编辑框内输入需要添加的标签，单击【确定】即可，如图4-2-3所示。

步骤三：当客服完成打标工作后，再与该客户沟通时就能从聊天界面直观判断出该客户的特性并调整自己的沟通方式，如图4-2-4所示。

三、对客户进行分级管理

在一个店铺的客户群体中，每个客户的价值是不一样的，因此我们需要对客户群体

项目四 京东客服工作流程

▲ 图4-2-3 创建新标签　　　　　▲ 图4-2-4 查看客户标签

进行价值区分，以便后续针对性维护。

步骤一：在京麦主页面中找到订单管理板块，或搜索栏内输入"订单管理"，单击进入该页面，如图4-2-5所示。

步骤二：进入订单管理页面后，在界面右侧单击"下载历史订单"。

步骤三：随后会弹出一个弹窗，在弹窗内选择需要下载的订单条件，完成后单击【下载】即可。

▲ 图4-2-5 订单管理

4-2-2
对客户进行分级管理

步骤四：界面中会出现下载的订单列表，全选订单后，单击【订单导出】。

步骤五：可以得到一个Excel订单报表，根据订单报表选取买家会员名、买家实际支付金额、订单付款时间记录下来，制作成一个Excel表格来进行下一步操作。下面模拟一批客户数据进行操作示范。

步骤六：先进行用户数据挖掘，在Excel表格中插入数据透视表，勾选"选择一个表或区域"，然后选中上述记录汇总的数据，单击【确定】。

步骤七：在数据透视表区域内的"行"内容框里拖入"买家会员名称"，在"值"内容框里拖入求和项"买家实际支付金额"和计数项"订单付款时间"。

步骤八：结果按照降序排列，能得到一组数据。

步骤九：得出数据透析结果后，需要再做一次平均化处理，因为客户价值的高低是购买频率跟购买金额平均化的结果，有的客户购买次数多，但是每次金额很低，所以他的价值反倒没有购买单价高的客户。

购买频率打分：有的用户购买频率高，但每次购买金额并不高。为了挖掘出"购买频率高，购买金额高"的人群，将购买频率在2次以下的用户，统一得分为1分（购买频率得分即为其购买次数）；购买次数在2次（含2次）以上的人统一得分为2分。

购买金额打分：我们将购买金额等级分为3等，（2 206×33.33%≈735），再将此数

4-9

值除以总人数,(735÷16≈45)则购买金额 45 以下(包括 45)得分为 1;(2 206×66.66%≈1 470)(1 470÷16≈91)则购买金额 45 以上 91 以下(包括 91)得分为 2;(2 206÷16≈137)则 91 以上得分为 3。如表 4-2-1 所示。

表 4-2-1 购买金额分析表

	平均每次购买金额	得分区域	得分
3/3 位值	137	91＜X	3
3/2 位值	91	45＜X＜91	2
3/1 位值	45	1＜X＜45	1

通过上述两个步骤,每个客户可以得到两组打分,分别是"购买金额得分"和"购买率得分"。这两个指标分别给予 50% 的权重进行相加,则一个客户可以得到一个综合评分。

步骤十:通过上面的数据处理,我们将用户进行了分层,分为高/中/低价值客户,从数字上发现中高价值的客户复购率都比较高,且每次消费金额远高于低价值客户。因此中高价值客户,是我们后续需重点维护的对象。

步骤十一:针对不同价值的客户,卖家应采取不同的营销策略。对中高价值的客户应更加注重产品及服务质量,上新及时推荐;低价值的客户则着重促销优惠。

 任务评价

通过本任务的学习,请按表 4-2-2 检查掌握的所学内容。

表 4-2-2 京麦建群打标与分级管理操作评价表

序号	鉴定评分点	分值	评分
1	掌握京麦建群的操作步骤并能独立完成	30	
2	掌握京麦对客户打标签步骤并能独立完成	30	
3	掌握京麦对客户分级管理步骤并能独立完成	40	

知识延伸

扫描二维码进行学习怎么维护好客户的关系。

4-2-3 知识延伸

能力拓展

为了使同学能独立地对客户进行分级操作,现请同学们从课程素材表中下载提供的模拟用户数据进行分级计算,并对客户价值层级进行划分。

表 4-2-3　课程素材表

客户会员名	买家实际支付金额	订单付款时间
是啊	79	2019/8/2 17:24
爽肤水粉丝	899	2019/9/4 14:05
上方上方	49	2019/10/1 14:29
暗色啊	188	2020/2 12:49
一笑	59	2020/1/5 13:05
搜索是	599	2020/1/9 17:18
一笑	79	2020/1/15 14:59
啊安抚	888	2020/1/20 0:00

任务三 物流及运费模板设置

学习目标

1. 掌握使用京麦平台设置物流的操作步骤。
2. 掌握使用京麦平台设置物流运费模板的操作步骤。

任务描述

在网店运营的过程中,物流和运费是躲避不开的问题,学会开通和加盟物流服务商是网店运营的一个重要步骤,而运费模板的设置关系到了物流费用的问题。

本任务根据实施步骤的演示,在京麦工作台上为自己的店铺选择物流服务商进行合作,并设置运费模板,从而真正掌握京麦工作台这一功能的使用。

任务分析

因为每个地区的物流服务商普及度不一样,因此很多客户在购买商品时,都会考虑到物流服务商和物流费用的问题,因此物流服务商的开通和加盟决定了我们可以使用哪个物流服务商,运费模板的设置决定了运费的问题。作为店铺运营者需要根据自身情况、商品特性等去选择物流服务商和运费模板。

任务准备

1. 确保网络和设备正常且稳定。
2. 为了能更好地完成物流及运费模板的设置,在开始任务前,请同学们通过各渠道去了解和学习与物流快递、服务等相关的信息。

任务实施

一、物流设置

网店想要进行交易就必须要通过物流将商品交到客户手中,所以运营店铺就需要进行物流设置。物流设置分为"物流服务商开通"和"加盟物流服务商"两个内容。

项目四　京东客服工作流程

1. 物流服务商开通　在网店运营过程中,卖家需要先开通物流服务商,店铺才能使用该服务商进行快递发货。

步骤一:登录京麦平台首页,在页面上方搜索栏内输入"订单管理",随后出现该功能,单击进入该功能,如图4-3-1所示。

4-3-1
物流服务商开通步骤

▲ 图4-3-1　订单管理

步骤二:进入订单管理页面后,找到配送管理板块,单击"编辑/增加物流公司"。

步骤三:进入物流公司编辑界面后,单击"新增物流公司"。

步骤四:随后界面中会弹出一个弹窗,在弹窗内选择需要添加的承运商和物流公司,根据个人需要添加备注和排序,完成后单击【确定】即可完成该操作。

2. 物流服务商加盟　物流服务商开通只是代表在制作运单模板时可选择该服务商而已,但如果店铺体量大时,可以通过加盟物流服务自行打印快递单,可以节省很多时间。

步骤一:打开京麦工作台首页,在左侧"我的配送"板块中单击"无界电子面单服务",如图4-3-2所示。

步骤二:进入电子面单平台后,界面中会出现多种物流服务商,根据卖家需求选择服务商单击"申请开通"进入开通界面,如图4-3-3所示。

▲ 图4-3-2　电子面单服务

▲ 图4-3-3　申请加盟

4-13

▲ 图4-3-4 确认开通

步骤三：进入开通界面后，根据卖家具体情况按照提示完成填写，单击【确定】即可，如图4-3-4所示。

步骤四：确认开通后，加盟申请就会提交到物流服务商出进行审核，然后联系物流服务商通过审核即可完成加盟。

二、运费模板设置

运费模板的设置关系到卖家的物流成本和客户的购买成本，因此卖家需要根据自家店铺的特性进行运费模板设置，也可以设置多个运费模板应用到不同的商品中。

步骤一：打开京麦工作台主页面，找到"我的配送"板块，单击"运费模板"，如图4-3-5所示。

4-3-2 运费模板设置步骤

步骤二：进入运费模板界面后，找到"店铺运费模板"板块，单击"新建店铺运费模板"。

步骤三：进入模板编辑界面，按照指示添加"模板名称"和"该模板运用的地区"。

步骤四：设置完应用地区后，在界面下方设置计费规则，卖家可以根据个人需求设置"浮动运费"或"固定运费"，完成后单击【保存并返回】即可完成店铺运费模板设置。

步骤五：除了店铺运费模板设置之外，还可以设置"单品运费模板"。进入到运费模板界面，找到"单品运费模板"设置板块，单击"新增单品运费模板"。

▲ 图4-3-5 运费模板

步骤六：随后进入模板编辑界面，根据个人需求设置运费参数，完成后单击【保存并返回】。

步骤七：如果需要包邮，选择"卖家承担运费"即可。

步骤八：在交易时，有的地区物流费用会比较高，这时，卖家可以为特定城市设置运费，在界面中，单击"为指定地区城市设置运费"。

步骤九：随后该位置会弹出一个内容框，根据需要设置指定城市与指定费用即可。

通过本任务的学习，请按表4-3-1检查掌握的所学内容。

项目四 京东客服工作流程

表 4-3-1 物流及运费模板设置评分表

序号	鉴定评分点	分值	评分
1	掌握物流服务商开通步骤并能独立操作	30	
2	掌握物流服务商加盟步骤并能独立操作	30	
3	掌握运费模板设置步骤并能独立操作	40	

 知识延伸

京东物流投诉，商家应该如何应对？可扫描二维码进行学习。

 能力拓展

4-3-3
知识延伸

1. 请根据店铺实际情况开通物流服务商。
2. 请根据店铺实际情况选择加盟一些物流服务商。
3. 请根据店铺实际情况设置店铺的默认运费模板和指定地区的运费模板。

任务四　京麦订单核对与修改

学习目标

1. 掌握京麦手动及自动催付的方法。
2. 掌握京麦核对订单内容的方法。
3. 掌握京麦给订单添加备注、修改订单地址、修改订单价格的方法。

任务描述

在与已下单客户进行沟通时,客服的目的是促使客户进行付款,只有付款成功了这笔交易才算是开始,而促使客户付款的操作有"催付"和"改价"等。当客户进行付款之后,我们就要核对订单的内容、备注和地址等信息,确保这些信息没有问题,然后再进行发货。

本任务根据演示步骤用自己的京麦工作台进行"催付""改价""核对订单""添加备注"及"修改地址"等步骤,为今后的店铺运营打好基础。

任务分析

客服人员在日常工作中,需要学会把核对订单、添加备注和修改地址等操作运用到每一笔订单中。而针对未付款的客户,首先就要进行催付,然后根据和客户的沟通判定客户未进行付款的因素是什么,如果是价格因素,则可以在允许范围内与客人协商改价,促使客户进行付款。

任务准备

1. 确保网络和设备正常且稳定。
2. 店铺存在 1 个已下单但未付款的订单(也可用子店铺或者自己的买家账号在店铺中下单配合操作,全部实训操作完成后可申请退款)。

任务实施

一、修改订单价格

在网店日常购物中,有相当大一部分的客户会因为商品的价格而犹豫不决,此时合理的改价有助于提高订单成交率。

步骤一：打开需要改价的客户聊天窗口，在窗口右侧单击"＋"添加插件，如图4-4-1所示。

步骤二：在弹出的应用框中单击"议价助手"添加该插件。

步骤三：回到聊天窗口，单击"议价"插件设置框。

步骤四：在设置框内填入指定商品信息及优惠价格，单击"发券"。

步骤五：随后用户将收到优惠券，自行下单即可。

4-4-1 修改订单价格

▲ 图4-4-1 客户订单界面

二、京麦催付

很多客户下单后可能还在考虑要不要付款，此时适当地进行催付有助于提高付款率，而且还能和客户进行沟通了解是什么因素导致未进行付款。

使用京麦打开未付款客户聊天窗口，输入催付信息，单击"发送"即可，如图4-4-2所示。

▲ 图4-4-2 催付信息

三、核对订单内容

当客户付款后，客服人员需要与客户核对该订单内容，确保商品信息、客户信息准确无误。

1. 自动核对订单内容

步骤一：打开京麦工作台，在搜索栏输入"咚咚客服管家"进入该功能，如图4-4-3所示。

步骤二：进入该界面后，选择咚咚自定义板块内的"订单卡片管理"，根据提示完成核对订单卡片设置，如图4-4-4所示。

▲ 图4-4-3 进入客服管家界面

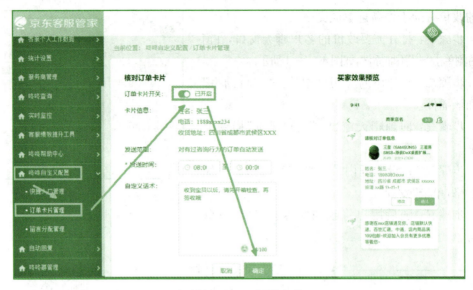

▲ 图4-4-4 订单卡片

2. 手动核对订单内容

（1）核对订单内容

步骤一：打开已下单客户的聊天窗口，在界面右侧客户订单栏内，单击"核对订单"，如图4-4-5所示。

步骤二：随后系统就会自动将核对信息发送出去，如图4-4-6所示。

▲ 图4-4-5 核对订单信息　　▲ 图4-4-6 发送订单信息

（2）核对备注：除收货地址、收货商品详情的核对外，如果有遇到消费者对商品购买交易有特殊要求的，需要和客户进一步详细确认，包括包装、快递时效要求、快递合作商、开具发票等，都可以根据实际情况和顾客详细核对。与消费者的所有聊天记录都属于书面约定，对有特殊要求的进行再次确认可以避免一些不必要的差错。

例如，如果顾客需要开具发票，作为客服可以和消费者确认以下两个信息：①发票抬头、金额等；②发票的种类要求。

四、给订单添加备注

在实际的客服工作中，会遇到顾客有一些特别的要求，比如指定的物流，发货日期等。此时，客服需要将买家特殊要求添加到订单备注中，才能够保证后续工作正常进行。以下将展示给订单添加备注的操作步骤。

步骤一：打开需要添加备注的客户聊天窗口，在右侧客户订单板块内，选择"编辑订单备注"图标，如图4-4-7所示。

步骤二：随后会弹除一个编辑框，在编辑框内输入备注内容，完成后单击【保存】即可，如图4-4-8所示。

▲ 图4-4-7 订单信息界面

▲ 图4-4-8 订单备注

五、修改订单地址

当我们核对到订单地址有误时，与客户进行沟通，确认好准确的订单地址之后，就要进行订单地址的修改操作了。

步骤一：打开京麦工作台首页，在页面左侧订单管理板块内，单击"订单查询与跟踪"，如图4-4-9所示。

▲ 图4-4-9 订单管理

▲ 图4-4-10 订单地址修改

步骤二：进入该功能后，找到需要修改的订单，在订单右侧点击"修改收货地址"，如图4-4-10所示。

步骤三：随后会弹出一个修改编辑框，根据提示填入需要修改的地址信息，完成后单击【确定】即可，如图4-4-11所示。

▲ 图4-4-11 修改订单地址

 任务评价

通过本任务的学习，请按表4-4-1检查掌握的所学内容。

表4-4-1 京麦订单核对与修改操作评价表

序号	鉴定评分点	分值	评分
1	掌握京麦催付步骤并能独立完成操作	20	
2	掌握京麦核对订单步骤并能独立完成操作	20	
3	掌握京麦订单添加备注步骤并能独立完成操作	20	
4	掌握京麦修改订单地址步骤并能独立完成操作	20	
5	掌握修改订单价格步骤并能独立完成操作	20	

4-4-2 知识延伸

 知识延伸

顾客讲价怎么办？怎么应对客户砍价？可扫描二维码学习相关知识。

 能力拓展

1. 请对店铺内需要改价的订单进行改价操作（可以用小号进行下单）。
2. 请为店铺设置自动核对订单内容。

项目四 京东客服工作流程

任务五　订单发货及查询跟踪

学习目标

1. 掌握使用京麦平台打印快递单号的方法。
2. 掌握使用京麦平台发货的方法。
3. 掌握使用京麦平台查询物流状态的方法。
4. 掌握使用京麦平台查找订单的方法。

任务描述

订单发货及查询跟踪是网店日常运营的一个重要环节。根据本任务步骤演示，使用自己的京麦账号进行"打印快递单号""订单发货""查询物流状态"及"查找订单"等操作。

任务分析

商品从下单到确认收货有特定的流程，本任务所要学习的订单发货及查询跟踪就是网店商品销售过程中不可缺少的一个部分，当客户进行付款后，作为店铺运营者就需要打印快递单号然后进行订单发货，完成订单发货后还要适时地查询物流状态，跟踪商品的进度，当客户对某笔订单存在疑问时要快速地查找订单了解详情才能更好地为客户解答疑问。

任务准备

1. 确保网络和电脑设备正常且稳定。
2. 店铺存在一个待发货的订单（也可用子店铺或者自己的买家账号在店铺中下单并付款，全部实训操作完成后可申请退款）。

任务实施

一、打印快递单号

快递单号是客户知悉自己商品物流状态的一个重要信息，打印快递单号也是作为

4—21

网店客户服务与管理

网店客服日常的一个重要工作流程。

步骤一：打开京麦工作台，在首页上方搜索栏内输入"订单管理"，随后出现该功能，单击进入该功能，如图4-5-1所示。

步骤二：进入订单管理界面后，选择需要打印的订单，然后单击"打印快递单"功能，如图4-5-2所示。

▲ 图4-5-1 订单管理

▲ 图4-5-2 打印快递单

步骤三：随后，会跳出一个快递单编辑的弹窗，在弹窗内根据个人情况选择打印机，添加发件人信息和快递模板，完成后可以选择打印预览，预览确认无误后，单击【打印】即可完成该操作，如图4-5-3所示。

▲ 图4-5-3 打印快递单

二、使用京麦发货

订单发货是交易过程中很重要的一个步骤，发货时间的快慢也是影响客户体验的一个重要因素，因此客服人员要熟练使用该操作。

步骤一：打开京麦工作台，在首页上方搜索栏内输入"商家后台"，随后出现该功能，单击进入该功能，如图4-5-4所示。

步骤二：进入商家后台界面后，选择订单板块，单击"近三月待发货"，如图4-5-5所示。

▲ 图 4-5-4 商家后台

▲ 图 4-5-5 待发货界面

步骤三：进入待发货界面后，找到需要发货的订单，在该订单右侧，单击"出库"即可完成发货操作，如图 4-5-6 所示。

▲ 图 4-5-6 订单发货

三、查询物流状态

作为一个合格的客服人员不仅需要将商品进行发货，还需要适时地跟踪查询商品的物流状态，若出现问题应及时跟进。商品物流状态可以通过以下两种渠道进行查询。

1. 快递官网查询

步骤一：打开浏览器，搜索需要查询的快递官网，如中通快递，见图 4-5-7 所示。

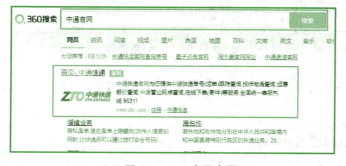

▲ 图 4-5-7 中通官网

步骤二：进入该官网后，一般在官网首页有快递信息查询栏，在查询栏内输入需要查询的快递单号，单击"查询"即可，如图4-5-8所示。

2. 京麦工作台查询

步骤一：登录京麦工作台首页，在页面左侧，找到订单管理板块，单击"订单查询与跟踪"，如图4-5-9所示。

▲图4-5-8 快递单号查询

▲图4-5-9 订单管理

步骤二：找到需要查询的订单，在该订单右侧，单击"订单详情"，如图4-5-10所示。

▲图4-5-10 订单详情

步骤三：进入订单详情界面后，就能看到当前订单的物流状态了，如图4-5-11所示。

四、使用京麦查找订单

在店铺日常工作中，会有很多时候需要查看历史订单来进行工作。

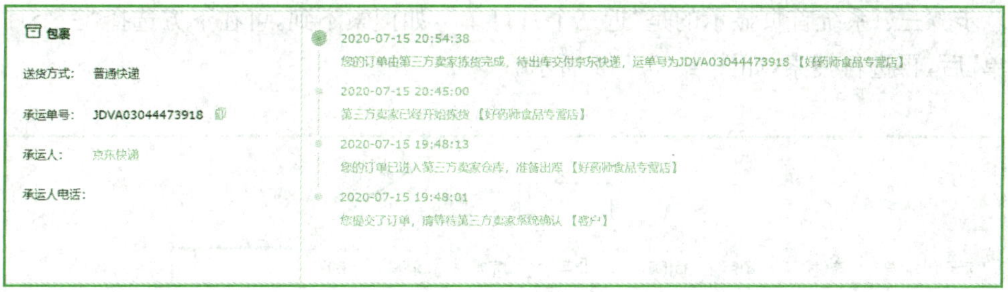

▲ 图4-5-11 物流信息

步骤一：登录京麦首页，在页面左侧，找到订单管理板块，单击"订单查询与跟踪"，如图4-5-12所示。

▲ 图4-5-12 订单管理

步骤二：进入该界面后，会出现订单查询筛选框，根据提示输入需要查询对象的筛选条件，完成后单击"查询"，如图4-5-13所示。

▲ 图4-5-13 查询订单

步骤三：系统首页显示的是"近三个月订单"，如搜索不到，可在下方选择"三个月前订单"后，再进行搜索，如图4-5-14所示。

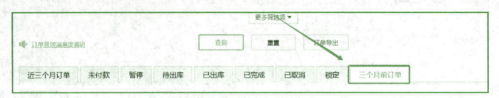

▲ 图4-5-14 三个月前的订单

通过本任务的学习，请按表4-5-1检查掌握的所学内容。

表4-5-1 订单发货及查询跟踪操作评价表

序号	鉴定评分点	分值	评分
1	掌握使用京麦打印快递单号步骤并独立完成	25	
2	掌握京麦发货步骤并独立完成	25	
3	掌握京麦查找订单步骤并独立完成	25	
4	掌握京麦查询物流状态步骤并独立完成	25	

4-5-1
知识延伸

可扫描二维码学习相关知识——到货是否及时。

1. 使用京麦对店铺中未发货的订单进行发货操作。
2. 请跟进店铺待收货订单，查询该订单的物流状态。
3. 请用京麦进行查找订单操作。

项目四 京东客服工作流程

任务六 订单退换货及订单评价

 学习目标

1. 掌握使用京麦进行订单退换货的操作。
2. 掌握使用京麦进行订单评价的操作。

 任务描述

在店铺运营中,难免会遇到有客户要进行订单退换货,遇到这种情况客服需要把相应的流程做好,否则可能会造成财务损失或影响店铺口碑。而影响店铺口碑的另一个重要因素就是订单评价,处理好订单评价对客服人员来说也是一项重要的工作。

根据本任务演示步骤,使用自己的京麦工作台完成"订单退换货"和"订单评价"操作。

 任务分析

当客户需要进行退换货时,客服需要格外注意退换的商品是否会影响二次销售,因此要确保收到货物,验收之后才能进行下一步操作,这个顺序是影响到店铺财产的重要一点。

而订单评价则影响到店铺的购买率,因为现在大部分客户在购买商品前都会先去查看该店铺商品的评价,这是作为他们是否购买的一个重要参考依据,如果订单评价管理不当就会造成很多有意向客户的流失。

 任务准备

1. 确保网络和设备正常且稳定。
2. 有待退款和待评价的订单。

 任务实施

一、订单退换货

处理退换货订单是客服人员日常比较重要的工作内容,操作错误容易造成财物损失,因此学会订单退换货操作是每个客服人员的必修课程。

4-27

1. 退货

步骤一：打开京麦工作台，在主页面中找到商家后台功能，单击进入该功能，如图4-6-1所示。

步骤二：进入该功能后，选择"售后客服"，单击"自主售后"或"退货管理"功能，如图4-6-2所示。

▲图4-6-1 商家后台

▲图4-6-2 退款管理

步骤三：进入该界面后，找到需要退款的订单，在订单右侧单击"处理"按钮，如图4-6-3所示。

▲图4-6-3 处理退货

步骤四：进入处理界面后，客服根据实际情况选择退货方式。

2. 换货　如客户需要换货，则直接在聊天对话框中与客户沟通好需要退换的商品及商品规格参数，并将换货的地址及收件人等信息提供给客户。另外需要告知客户退回的货品需要符合退换货要求。

▲图4-6-4 评价管理

二、订单评价

步骤一：打开京麦工作台，在界面中找到商品管理板块，单击"商品评价管理"功能，如图4-6-4所示。

步骤二：进入商品评价管理界面后，可以通过输入符合条件的信息快速筛选查询到需要的评价信息，如图4-6-5所示。

▲ 图4-6-5　查询评价

步骤三：找到需要的订单评价后，根据自身需要，可以选择"沉底""投诉"和"回复"此评价的操作，如图4-6-6所示。

▲ 图4-6-6　回复评价

通过本任务的学习，请按表4-6-1检查掌握的所学内容。

表4-6-1　订单退换货及订单评价设置评分表

序号	鉴定评分点	分值	评分
1	掌握使用京麦平台进行订单退货操作步骤	30	
2	掌握使用京麦平台进行换货操作步骤	30	
3	掌握使用京麦平台进行管理评价的操作步骤	40	

知识延伸

如何解决退换货邮费争议问题。可扫描二维码进行学习。

 能力拓展

1. 请针对店铺的待退款订单进行退款操作训练。
2. 请将店铺内的订单评价进行逐一回复。

模块三
网店客服沟通技巧

一个网店的生意好坏,离不开客服良好的沟通技巧。客户在网购的时候,总有一系列的疑问,需要与网店客服进行沟通,从而解决自己的问题。此时,网店客服的沟通技巧就尤为重要。如果网店客服的沟通技巧运用不当,可能会失去客户甚至遭到客户的投诉。通过正确的沟通技巧不仅可以让客户下单购买,也会让客户成为"回头客"。

本模块分别从售前、售中、售后3个方面来介绍网店客服与客户交流时的沟通技巧及客服在沟通时的话术模拟训练。

项目五 售前客服沟通技巧

客户在购买产品前,一般会咨询网店客服,售前客服总会遇到一些问题觉得难以沟通,如遇到客户砍价等。这时售前客服如果一点都不懂得如何与客户沟通,就会导致客户流失、店铺订单减少。在出售产品前,客服就要与客户进行正确的沟通,能否成交订单的关键就掌握在售前客服的手中,售前客服需要掌握正确的售前沟通技巧。

本项目将介绍网店客服在出售产品前与客户沟通的技巧。

任务一　产品介绍沟通技巧

学习目标

1. 熟悉客服在介绍产品时的沟通技巧。
2. 掌握客服在介绍产品时的沟通流程。

任务描述

网店客服的主要工作就是招待客户。面对客户咨询,通过有趣的开场白将客户留下之后,还需要说服客户下单。在这个过程中,向客户介绍产品是交易的关键步骤。介绍产品的技巧非常多,同时也有一些注意事项。为了客服在和客户交流时能更好地推荐更多的产品,本任务需要使用一些在产品介绍时的沟通技巧让客户下单购买。

任务分析

在客服与买家的沟通中,产品介绍是决定客户是否下单的决定性因素之一。客户在犹豫是否下单购买时,好的产品介绍可以在短时间内将产品特点告知客户,激发客户的购物欲望。

客服需要学会主动向客户介绍产品,能利用一些沟通技巧向客户介绍产品,从而让客户下单购买。本任务将重点学习网店客服应当如何做好产品介绍,如何能够引导客户下单购买更多的产品,注意学习产品介绍时的沟通流程。

任务准备

确保电脑设备及网络正常且稳定。

任务实施

一、产品介绍沟通技巧

客户在购买产品时候,经常会犹豫不决。这时如果客服懂得如何向客户介绍产品的技巧,就能吸引客户,促使客户下单购买。介绍产品的沟通技巧如下。

1. 摸清客户需求 做产品介绍之前,如果能够知道客户的核心需求,就能选择重点信息告知客户。一旦客户听完产品介绍,发现产品可以满足自己的需求,就会爽快下单,无需客服进一步说服。

马斯洛需求层次理论可以帮助网店客服们判断客户的核心需求。下面对5个需求层次的特点分别进行论述,并分析其对应的消费习惯。

(1)生理需求:生理需求属于最低需求层级,这一层级市场里的客户对产品没有太高的要求。一般来说,产品只要具有一般功能,就可以让该层级市场里的客户满足。相对应的,这一市场里客户群的消费是价格引导型。

(2)安全需求:安全需求属于第二层需求层级,这一层级市场里的客户不仅要求产品具有一般功能,还极其关注产品对身体的影响。相对应的,这一市场里客户群的消费是功能引导型。

(3)社交需求:社交需求属于第三层需求层级,这一层级市场里的客户对交际有着显著需求,客户的关注点在于是否有助于提高自己的交际形象。只要围绕人与人之间的关系情感包括爱情、亲情、友情等做文章即可。相对应的,这一市场里客户群的消费属于情感引导型。

(4)尊重需求:这一层级市场里的客户关注的是产品的象征意义,为了满足自己的尊重需求,客户往往选择小众高端类产品。客服在介绍产品过程中可以使用以下类型的字眼。如"全球限量""新品全球首发"等。这些用语从彰显客户尊贵的身份地位出发,为消费者添足了面子。

(5)自我实现需求:这一层级市场里的客户拥有自己固定的品牌需求层次。对于品牌引导型客户,客服在介绍产品过程中要突出自己的品牌价值,争取将客户变为品牌的簇拥者。

对于网店客服来说,由于不同客户群的需求层次是不同的,所以在推销产品时应当根据马斯洛需求层次理论制定不同的产品介绍技巧。

2. 找到客户需求点 在介绍产品时要针对客户的需求点、兴趣点去讲,并且根据客户反应调整推荐产品的方向。因此,商家和客服需要积累非常多的知识和技巧,学习寻找客户需求点、兴趣点的方法。

(1)做一个信息收集高手:作为客服,每当有客户咨询的时候,就应当先收集客户的信息,对客户做尽可能全面的了解。搜集的准确信息越多,客服才能对客户有更深的了解,在谈话中针对客户的喜好和兴趣说话。例如,客户是一个热爱工作、家庭的人,那么客服就应当首先从客户的工作、家庭谈起,将产品与之联系起来。这样不仅能获得客户的好感,还能让客户对产品无法拒绝。

(2)查看客户的购物车:对客服来说,查看客户的购物车有着非常重要的意义。购物车不仅会显示今天被客户加入购物车的宝贝,还会显示30天内被客户加入购物车的宝贝,对于卖家了解客户的兴趣点很是方便。要查看客户的购物车,步骤如图5-1-1所示。

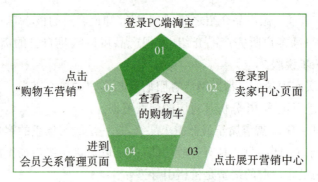

▲ 图5-1-1 查看客户的购物车操作流程

3. 突出产品卖点 一般来讲,产品的卖点对客户有着主要吸引力。如果客户被产品卖点所打动,真正喜欢上了产品,那么就算价格高一些也是可以接受的。如果产品太普通,卖点不突出,那么价格再低客户都不会要。因此,客服在介绍产品的过程中,应当先把产品的卖点讲出来,将产品的优势展示给客户,让客户觉得这是一个好产品,多花点儿钱也没关系。那么,这样就离交易达成就不远了。

当然,客服在诉说产品的优势,突出产品卖点时也需要注意一些问题,否则只会弄巧成拙。客服介绍产品卖点时要注意两点:①要实事求是;②根据客户的关注点说卖点。

4. 说明产品备受追捧 一些客户看中你店里的某款宝贝很有可能只是一个意外,不是特意搜索找到的。在这种情况下,向客户介绍产品时,你可以通过自己的人气排名向客户说明产品非常火爆。在网上,人气排名的高低不仅影响着宝贝的综合排名,还是影响商家销量的一个重要因素。因此,无论是普通店铺还是皇冠店铺,都希望自己的宝贝能够有长期较好的人气排名。人气排名高,宝贝的曝光率就越高,吸引的流量也更多,从而促使店铺快速发展。

5. 证明产品优质 产品到底好不好,不是靠客服的嘴巴说,而是要看实际效果。所以向客户讲述具体案例,借以说明产品的优质,更能让客户信服。对网店客服来说,用具体案例证明产品优质是一个非常有效的方法。一方面可以使交流气氛变得更轻松、更自然些;另一方面可以增强说服力,增加产品的可信度。客服在选择具体案例时应当谨慎,按照一定的方法组织语言。下面给出了选择具体案例时需要遵循的3个原则。

(1)简单真实原则:客服所列举的案例最好是真实的,不宜太长。既不要编造虚假的曾经购买过的老客户,也不要虚报客户的购买数量。必须实事求是,诚恳地对待客户,否则就是自砸招牌。

(2)代表性原则:要求客服向客户列举的案例适用于当时的情景,是最有代表性和说服力的。选择那些对产品做过重要评价或褒扬的客户或者是对大家有重要影响力的特殊客户等。

(3)启发性原则:要求所选案例一定要具有启发性和鼓动性。产品到底好不好,在对方听了客服的讲述之后,能够实实在在、清清楚楚地看到实际好处。

6. 回答客户疑问 作为客服,最重要的一点要求就是速度。在介绍产品的过程中,如果客户有疑问,应当在 30 秒甚至更少的时间内回复。如果回答不及时,客户就有可能另寻下家。

打铁还要自身硬,碰到客户提出的疑问,客服最好是开门见山,直接快速回答客户问题。解决客户心中疑问则要求客服做出以下 3 个方面努力:①掌握产品专业知识;②积累本行业专业知识;③了解各行各业知识。

7. 帮助客户理解 客服一般会对自己的产品比较了解,尤其是一些高科技产品。在介绍产品时,可能会涉及专业术语,但是客户不一定听得懂。客户听到自己不擅长的专业术语多半是像听天书一样。因此,与客户沟通交流时,语言要通俗化,尽量少用专业术语,通俗的语言更容易被人们所理解和接受,否则客户可能会因为听不懂而放弃交易。

因此,网店客服应当学会以大家日常使用的口语来说明自己的产品,这样不但让客户容易接受,还能让客户感到贴心。

8. 让客户信服 一些客服在描述自己家的产品时,经常会有夸大描述的情况发生。客服的介绍是客户了解产品的最有效渠道。因此,你只有提供真实有效的产品信息,确保客户购买的产品与所描述的信息相符,才能让店铺持续稳定经营。否则,有经验的客户很容易就能辨别信息的真假,从而拒绝交易,而经验少的客户有可能听信你的描述,然后发现自己吃亏上当,从而将你的店铺列入黑名单。

优秀的客服一定会为产品说话,但是他也会承认自己的产品有不足之处。一些只宣扬产品优势,掩饰和隐瞒产品不足的客服们很难得到客户的信任。当然,要承认产品的不足不是简简单单地将所销售产品的所有问题都罗列在客户面前。销售过程当中固然要对客户保持诚信、勇敢地正视产品不足,但是这也需要讲究一定的技巧,如:①主动说出产品不足;②选择性地说产品不足;③欲扬先抑介绍产品不足。

二、产品介绍沟通流程

了解了产品介绍的沟通技巧后,需要注意使用沟通技巧的流程。在真实案例中用产品介绍沟通技巧,让客户下单购买。

1. 找到客户兴趣点 姚丹是一名网上医药店的客服,她经常通过观察客户的购物车订单判断客户的喜好和兴趣点,然后有针对性地推荐、介绍产品。

步骤一:姚丹看到客户的购物车里有很多滋补产品,由此判断客户是喜欢用滋补产品的,所以马上按照客户的喜好和兴趣点推荐了一款维生素,如图 5-1-2 所示。

步骤二:当客户说一次买太多可能会吃不

▲ 图 5-1-2 找到客户兴趣点推荐

5-1-1
判断客户兴趣点

完浪费掉的时候,姚丹站在客户的立场出发,先说明了这款的量其实并不算太大,并且可以送人的。

步骤三:解决这一问题后,姚丹又抓住客户网购时的心理,告诉客户店铺做活动买两盒可以再送一盒。

步骤四:向客户推荐关联的产品,千万不能一味地、毫无技巧地硬推,这样只会让客户感到反感而离开。在案例中我们看到姚丹在向客户推荐产品的时候,先是通过购物车查看了客户已经选中的产品,了解客户的喜好和兴趣点,然后才有针对性地做了关联产品推荐。

2. 突出产品卖点　一家网上医药店的生意非常火爆,而在线客服始终应对自如,让每一位咨询的客户都满意而归。下面以某一个咨询场景为例,展示这家网上医药店是如何让客户爽快下单的,如图5-1-3、图5-1-4所示。

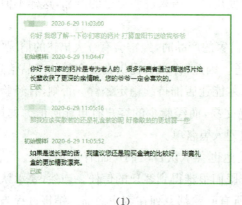
(1)

(2)

▲ 图5-1-3 突出产品卖点

商店的客服深知自己产品的卖点是情感意义,所以在介绍产品时没有从产品的功能出发,而是直接将产品与亲情联系在一起,突出产品卖点,恰好满足了客户需求。

3. 说明产品备受追捧　如果本身我们店铺的宝贝的人气值就很高,那么在和客户介绍宝贝的时候可以跟客户说明我们产品是备受追捧的,如图5-1-4所示。

▲ 图5-1-4 说明产品备受追捧

4. 证明产品优质　小江是一家医药店的客服,向客户介绍产品时,他总是能够通过证明产品优质来说服客户,让客户心甘情愿地下单,我们来看看他和客户交流时的具体沟通场景,如图5-1-5所示。

5. 回答客户的疑问 我们客服在和客户沟通的过程中,不仅回复速度要快,而且要能充分显示自己的专业度,从而说服客户下单。下面介绍一个医药店的客服沟通场景。

步骤一:听了客户的话,客服判断这位客户个性爽快,是一位比较容易争取的客户。于是给客户发过去一个新款按摩器的链接,如图5-1-6所示。

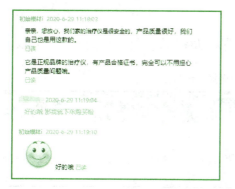
▲ 图5-1-5 证明产品优质

▲ 图5-1-6 给客户产品链接

5-1-2
客服沟通客户疑问案例

步骤二:简单明了地向客户介绍这种款式的各种功能和新颖之处。说完之后客户立马决定购买此款。

步骤三:客户说了去下单,但是迟迟未付款,这时客服需要主动联系客户了解情况。

步骤四:危机出现,再次和客户强调我们产品的优势和卖点,回答客户的疑问。重点讲解了几款按摩器的异同,突出了前一款的与众不同。

步骤五:客户再次被说服,交易成功。

6. 帮助客户理解产品 客户来到一家医药店铺,想买一件保养品送给家人,但是又不太懂怎么选择。

步骤一:客户主动询问客服,有没有推荐的产品,如图5-1-7所示。

步骤二:客服用专业术语介绍了一件保养品,客户表示听不懂。

步骤三:客服转用口语化的语言再次介绍了产品。

步骤四:客户觉得很满意,下单购买了。

▲ 图5-1-7 客户主动询问

5-1-3
帮助客户理解产品

7. 让客户信服 客服在平时与客户的沟通中,如果想要促成交易就需要让客户信服。那么,想让客户信服,就不能夸大其词。适当主动地说出产品的缺陷,有时候反而更容易促成交易。下面来看一个沟通场景。

步骤一:某客户看中了一家医药店铺的口罩,通过简单的交流后,客服告诉客户这

5-1-4
介绍产品缺陷

款口罩因为制作量大,会有一些色差的情况,让客户考虑后再下单。

步骤二:客户对价格比较满意,觉得色差不影响使用,决定先小批量买一些,如果产品确实没问题,再大批量采购。

步骤三:客户到货后发现确实出现了颜色稍微浅一点的情况,但对使用不会带来影响,因此决定大批量采购。

任务评价

通过本任务的学习,请按表 5-1-1 检查掌握的所学内容。

表 5-1-1 产品介绍沟通操作评价表

序号	鉴定评分点	分值	评分
1	熟悉产品介绍的沟通技巧	40	
2	能用不同的沟通技巧进行产品介绍,并让客户下单购买	60	

5-1-5 知识延伸

知识延伸

1. 3 招提炼产品卖点的方式。
2. 向顾客介绍产品的 7 个技巧。
3. 介绍商品的方法。

以上知识延伸的内容,可扫描二维码进行学习。

能力拓展

客户在购买时犹豫不决,客服要抓住机会主动介绍产品,让客户愿意下单购买。不同的情况下要运用不同的沟通技巧介绍产品。现要求同学们根据以下的情景对话,分析该客服在介绍产品时抓住了哪些关键点。

情景对话:

客户:你好,我想了解一下你们家的按摩器。

卖家:您好,我们家的按摩器是中老年人的最爱,很多消费者通过赠送我们家的按摩器增进了和亲人之间的感情。我们的按摩器功能非常多,是送给家人或自己使用的最好选择!

客户:这款按摩器有很多人买吗?

卖家:亲,您真的是很有眼光呢。我们这款宝贝人气排名非常高,您只要搜索,就能在首页前十发现我们的宝贝呢。

客户:那这款宝贝其他方面怎么样,好用吗?

卖家:我们家的这款按摩器针对各大部位有多种按摩手法,比如颈部、背部、腰部、臀部、腿部，使用大师级的真人按摩手法。质量好，有检验证书的保证，好评如潮。亲，可以考虑一下。

（1）根据客服和客户的对话，请指出这位客服在沟通时抓住了哪些关键点，并展开分析。

（2）分析客服还有哪些不足的地方。

任务二　消除客户疑虑的沟通技巧

学习目标

1. 熟悉消除客户疑虑的沟通技巧。
2. 掌握处理消除客户疑虑的沟通流程。

任务描述

客户在网上购物时,往往对产品质量、样式等会有很多的疑虑,此时,客服要能针对客户的疑虑提出合理的解决方案。本任务为通过和客户交流来了解客户的真实疑虑,然后使用不同的沟通技巧来消除客户疑虑。

任务分析

客户存在疑虑,表面上是对产品或者服务表示怀疑,实际上是对网店商家的不信任。往往因为客户存在的疑虑没能及时消除,选择放弃购买。所以,处理好客户怀疑问题的关键是要取得客户的信任,让客户相信你所说的话。

用简单、空洞的语言向客户解释问题,很难取得客户真正的信任,只有一针见血,找到问题的根本所在,提出问题的解决方案,才能让客户吃下定心丸,做出最后的购买决定。通过学习本任务,掌握处理消除客户疑虑时的沟通技巧和流程,从而能消除客户存在的疑虑,让客户安心下单购买。

任务准备

确保电脑设备及网络正常且稳定。

任务实施

一、消除客户疑虑沟通技巧

客服在与客户进行交流的过程中,最可能遇到的情况是客户有很多不同的疑虑,客服要通过交流消除客户疑虑,从而使客户能安心购买。在消除客户疑虑前要先清楚客户存在疑虑的原因,一般有如下9种。

1. 产品质量有无保证　一般来说,由于网店上的产品价格普遍比实体店低,客户自然会怀疑产品的质量差,没有保证。还有一种情况是客户对特价款的产品质量提出怀疑,认为产品是有质量问题才降价处理的。

这时,你可以坦诚地告诉客户产品特价的真正原因,以事实说服客户,同时以特价商品实惠、划算作为引导客户立即购买的催化剂。当你的语言真诚,并且表现出敢于负责的态度时,客户往往就会更容易信任你。

那么,网店客服该如何消除客户对产品质量的疑虑呢?下面介绍消除客户对产品质量疑虑的5种方法。

(1)承认法:对于网店客服来说,承认法适用于你的产品确实有瑕疵,所以有降价销售的情况。

(2)否定客户质疑:如果客户拿你的产品与别家比较,然后声称你的产品质量肯定不好,就可以直接否定客户的质疑,并给客户说明分析情况,比如出示产品的质检证明等。

(3)感同身受法:当客户说出的疑虑是大多数客户都会有的疑虑时,就可以告诉他们,其他人在试图选择产品或服务时,也曾经不相信我们的产品,但是拿到产品后发现真的是物超所值。

(4)迂回否定法:迂回否定法就是用柔和的方式来回应客户的质疑,先承认客户的质疑很重要,然后引入一些潜在的证据反驳客户。

(5)弥补法:每件产品都有自己的长处与短处,网店客服要承认客户就产品不完美之处提出的质疑,并说这种质疑言之有理,然后用另外一种属性带来的优势弥补质疑属性带来的劣势。

2. 产品颜色是否有色差　当我们将出售的产品拍成照片放到店铺里,由于拍摄的光线不同、每个用户显示器明暗亮度不同,就会造成同一张图片在电脑上看见的与拿到手里时有一定的颜色差异。

当客户问道:"图片与实物是否有色差?"客服可以有以下两种回答。

(1)声称产品没有色差:本店所有产品100%实物拍摄,保证与实物一样。如您收到产品发现与图片上有出入,我们将无条件退换。

(2)声称产品色差难以避免:网上购物色差是无法避免的,每张照片我们都会根据实物校对过颜色,但在不同的环境灯光、显示器下都会有色差问题。如果您完全不能接受任何色差,请考虑清楚后购买,此类问题不能作为中评、差评、投诉、退换货的依据。

3. 产品尺寸如何选择　对于产品尺寸问题,不仅有些客户不懂得其中的门道,不会选择适合自己的产品,一些商家也不够精通尺寸测量,导致尺寸描述与实际不符,出现产生售后纠纷的情况。

你知道如何为客户推荐最合适的尺寸吗?当客户询问建议尺寸时,网店客服的回答应当注意4点:①打开客户所说的产品链接;②询问客户用过同类产品的尺寸;③说明清楚尺寸表;④给客户建议产品时要委婉。

4. 产品样式是否过少 客户之前已经浏览了很多产品,导致对产品产生审美疲劳。对于任何一家店铺来说,客户如果不了解产品的具体特点,都会认为产品样式少,觉得没什么好看的。如果客户提出店铺产品样式太少了,那我们客服需要怎么回答才是正确的呢?这里针对客户提出"产品样式少,不好看"的异议,给出4种化解技巧:①认同客户的意见;②了解客户真实的想法;③根据经验介绍;④巧用"但是"转移话题。

5. 产品是否包邮 本来可以通过包邮吸引客户,但是商家却没有包邮,这说明商家的利润少,所以才无法包邮。但是,大部分客户都不愿意接受不包邮的产品,即使自己非常满意。而对商家来说,本来与客户沟通得非常顺利,结果到了包邮问题上,客户觉得自己承担运费不合适,让商家把运费免掉,但是商家的利润空间低,没办法包邮,最后客户因没有包邮而流失了。

为最大程度上兼顾客户的满意度与店铺利润,可采取以下措施:①收取少量运费;②通过设置组合销售为客户提供包邮。

6. 产品是否24小时内发货 为了最大程度上避免发货纠纷,网店商家应当本着"发货一定要快,急客户之所急"的原则为客户服务。试想,如果是你自己在网上买东西,也是希望付款后尽早拿到产品。与此同时,一定要慎重选择快递公司。否则,你就有可能因为快递公司不可靠而得到客户的差评。

7. 到货是否及时 在到货时间上,客服应当实事求是,不能为了拿到订单欺骗客户。一旦货物延迟耽误了客户的要事,客户就会投诉商家或者将店铺加入客户的黑名单。

一些客户在淘宝上购买产品时可能有急用,这就要求产品必须在几天内送达客户手里。当客户询问3天内是否可以到货时,客服需要先询问客户的收货地区是哪里,然后进行判断再回答。切记不要对客户说模棱两可的话,比如"应该可以的""大概是"等,如图5-2-1所示。

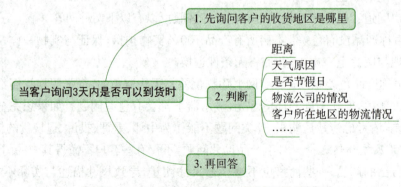

▲ 图5-2-1 当客户询问3天内是否可以到货时

8. 产品是否包退换 关于退换货的一些问题,网店客服需要向客户解释清楚。一一般需要说清楚以下3点。

（1）表示可以退换：首先需要肯定地表示可以退换货，注意说明不进行退换的情况。

（2）解释运费问题：很多退货纠纷都是因为运费问题导致的，因此在客户下单前解释清楚运费问题有利于避免退货纠纷。

（3）告知退换货流程：大多数淘宝店铺走的都是软件发货，如果没有订单产生，很难调货出库。因此，退货和换货是分开进行的。如果客户需要换货，可以先申请退货退款再重新下单。

9. 售后问题能否及时处理　当客户问起售后服务问题，网店客服一般不能简单地说"与其他店铺一样""保证您满意"这样的话，而应该给出售后问题的具体保障措施或详细解决方案，让客户放心购买。回答完关于售后服务的问题后，才能向客户提出购买建议。具体来说，客服的回答需要做到以下3点：①表明售后服务范围；②通过事实案例让客户放心；③进行全面的说明。

二、消除客户疑虑的沟通处理实操

在了解客户存在疑虑的原因后，针对不同的客户疑虑要采用不同的方法来消除。通过具体案例来掌握消除客户疑虑的沟通处理实操。

1. 产品质量有无保证

（1）有实体店的网店产品质量

步骤一：客服收到客户关于产品质量方面的疑虑，如图5-2-2所示。

步骤二：针对客户的疑虑，我们给客户做出解答，把情况和客户分析清楚，这样大部分客户就不会纠结于质量问题，基本上就可以成交了，如图5-2-3所示。

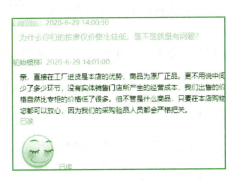

▲图5-2-2　疑虑和担心

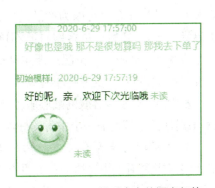

▲图5-2-3　针对客户的疑虑解答

（2）特价款的产品质量：对于特价款，客户如果担心质量问题，可以采用以下语言回复客户的疑虑，如图5-2-4和图5-2-5所示。

▲ 图5-2-4 话术1　　　　　　　▲ 图5-2-5 话术2

2. 产品尺寸如何选择　娇娇在一家医药店里买了一台血压测量仪,但收到货物后却发现,虽然血压测量仪整体感觉很漂亮,但实物尺寸与网上描述不符。

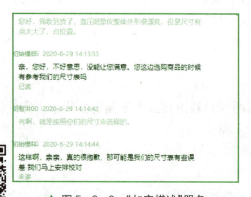

▲ 图5-2-6 "如实描述"服务

步骤一:娇娇与该商家客服进行了沟通。商家在了解客户所描述的实际情况后,主动提出店铺加入了淘宝消费者保障计划中的"如实描述"服务,如果出现产品与店铺内描述不符的情况,商家可以给予退换。如图5-2-6所示。

步骤二:娇娇可以直接选择退货退款,客服会进行视频测量,如果确实像客户反映的一样,愿意给客户全额退款,且承担客户寄回产品的运费。与此同时,商家会把店铺中的描述及时做更改。

5-2-1 产品尺寸如何选择

步骤三:对于该客服的处理,娇娇不太满意,毕竟自己花了不少时间才挑中了这件心仪的产品。如今只是因为产品的实际尺寸与网上描述不完全一致有些不满,但并不想退货。于是,娇娇告诉客服自己不再追究了。

步骤四:客服了解情况后要主动表示应该承担自己的责任,愿意退一小部分货款给她表示歉意,同时补发一些小礼物。

步骤五:对于该客服的贴心服务,娇娇非常满意,最后还给了该商品一个中肯的好评。

3. 产品颜色是否有误差　娇娇买了一辆轮椅,可是实物图看上去轮椅颜色并没有店铺里的图片那么鲜艳。客服要与客户沟通关于色差的问题。

步骤一:客服要明确色差问题的判定。如果拍下的商品是红色的,结果客户收到是绿色的,那肯定不是色差问题,而是发错产品了,如图5-2-7所示。

5-2-2 沟通色差问题

▲ 图5-2-7 明确色差问题

步骤二：确定不是发错产品后，那么就是色差问题了，如果网店商家拍摄的照片没有过度曝光以及修饰，那么这种色差属于正常范围内的色差。

步骤三：那么客服就可以回答"本店所有产品100％为实物拍摄，保证与实物一样。如您收到产品发现与图片有出入，我们将无条件退换。"

4. 产品样式是否过少　客服如果在平时工作中遇到客户咨询产品样式太少的问题应该怎么回复呢？下面来看一个医药店铺的具体沟通案例。

步骤一：当客户说补品款式少的时候，先认同客户的意见，可以说："店里产品的样式确实少了点。"如图5-2-8所示。

步骤二：客服可以接着了解客户真实想法，可以问客户："你是要经济实惠的呢？还是功能比较强的？"

步骤三：客服可以根据自己的经验给客户介绍满足客户需求的具体补品。

步骤四：巧用"但是"等转折词将话题过渡到产品介绍上来。

5. 产品是否包邮

步骤一：当客户向你咨询包邮问题时，你首先需要问清楚客户的收货地址，如图5-2-9所示。

▲ 图5-2-8　医药店铺的具体沟通案例

▲ 图5-2-9　咨询包邮问题

步骤二：当客户回答之后，然后去运费模板看一下运费到底是怎么样的，再进行回答，如图5-2-10所示。

步骤三：如果是包邮地区的，你可以像上面一样来回复，如果是不包邮地区呢？如图5-2-11所示。

▲ 图5-2-10　包邮地区回复

▲ 图5-2-11　不包邮地区回复

6. 产品是否 24 小时内发货

步骤一：当客户询问什么时候发货时，你需要先看一下当时的时间是不是在当天发货的时间范围内，然后再回答客户。

步骤二：如果当天可以发货，你可以这样说："亲，您现在拍下我们当天就可以为您安排发货的，这样您也可以尽早收到产品方便亲早点用上哦！"

步骤三：如果当天不能发货，你可以这样说："亲，今天的快递已经取走了呢。不过您现在拍我们明天一早就会为您安排发货的，咱们这边是按照付款的先后顺序发货的。

步骤四：当客户因为当天没有发货而得理不饶人时客服应该怎么回复呢？如图 5-2-12 所示。

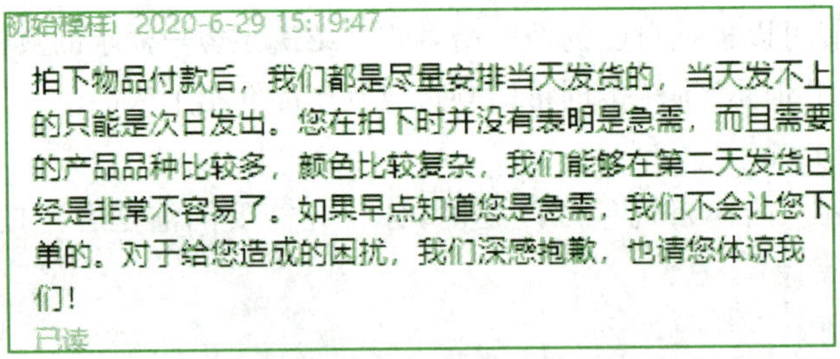

5-2-4 产品 24 小时内发货问题

▲ 图 5-2-12　回复客户因当天没发货得理不饶人的情况

7. 到货是否及时

针对是否到货的问题，客服需要针对不同的时期进行回复。如节假日、店铺活动期间、平时正常期间。

步骤一：比如店铺参加了聚划算活动，那么店铺就可以设置发货到货时间问题的统一回答，如图 5-2-13 所示。

步骤二：如果客户表明自己是 3 天能到货的地区，询问是否可以保证 3 天内到货。这个时候客服就不能给客户保证了，而是要和客户说明清楚可能客观存在的情况，如图 5-2-14 所示。

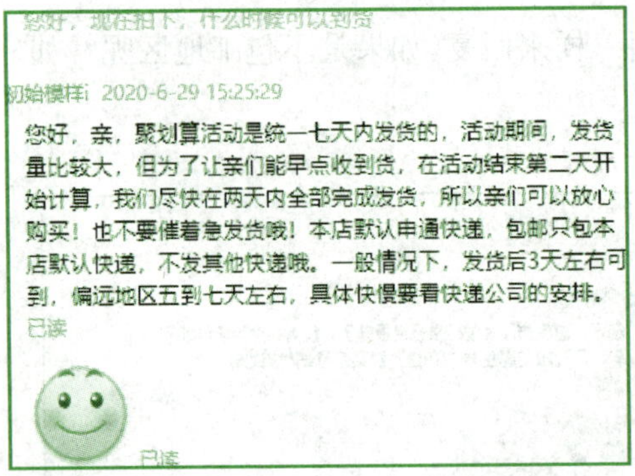

▲ 图 5-2-13　发货到货时间问题的统一回答

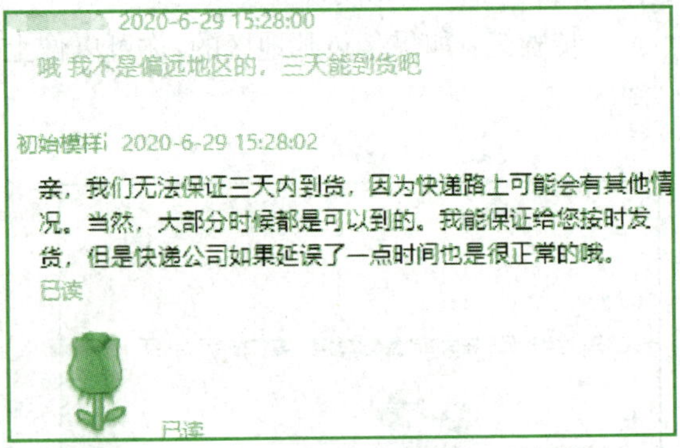

▲ 图 5-2-14　和客户说明清楚客观情况

8. 售后问题是否能及时处理

步骤一：客服要表明售后服务范围，打消客户的售后之忧，如图5-2-15所示。

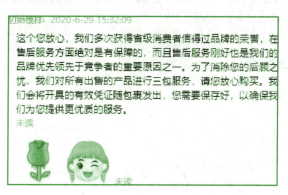

▲ 图5-2-15　需要先表明售后服务范围

步骤二：当客户问"你们的售后服务怎么样？""售后问题保证及时处理吗？"这时可以拿出事实案例说明自己的售后服务是怎样的，让客户放心。如图5-2-16所示。

步骤三：如果客户问："你们的售后服务有没有其他方式？"这时可以对其进行全面的说明，如图5-2-17所示。

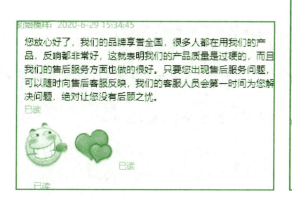

▲ 图5-2-16　通过事实案例让客户放心　　　▲ 图5-2-17　说明其他售后服务

通过本任务的学习，请按表5-2-1检查掌握的所学内容。

表 5-2-1 消除客户疑虑沟通操作评价表

序号	鉴定评分点	分值	评分
1	熟悉消除客户疑虑的沟通技巧	40	
2	能独立处理客户不同的疑虑，提出合理的解决方案	60	

5-2-5
知识延伸

知识延伸

1. 处理客户疑虑的 6 个方法。
2. 如何消除客户害怕上当的心理。
3. 顾客有疑虑，该如何促成顾客成交。

以上知识延伸的内容，可扫描二维码进行学习。

能力拓展

客服每天面对客户不同的疑虑需要做出回答，交流过程中要避免回复错误而导致客户放弃下单或者投诉店铺的情况。现要求同学们根据以下的情景对话，分析出客户的疑虑，并做出消除客户疑虑的合理回答。

情景对话：

客户：你好，你们家的轮椅为什么这么便宜？比别家便宜那么多，质量合格吗？是正规厂家生产的吗？

卖家：您好，您放心，我们家的轮椅肯定是正规厂家生产的，质量特别好。

客户：我感觉你们家的轮椅样式太少了，没有其他的样式吗？

客服：您说的没错，我们店里的轮椅样式确实不多，您要什么样的，我可以给你推荐。

客户：算了，我不想要了，都不好看。那我买一些补品送人吧，包邮吗？

客服：包邮的。

客户：我急着送人，3 天之内能到吗？

客服：3 天之内大概能到货的。

客户：那我不买了，万一不能到货。

（1）根据客服和客户的对话，分析这位客户在下单前有哪些疑虑。

（2）分析情景中客服有哪些错误的回答。

（3）假如你是这位客服，应该怎么回答可以让客户下单购买产品。

项目五　售前客服沟通技巧

任务三　应对讲价沟通技巧

【学习目标】

1. 熟悉客服应对客户讲价时沟通的技巧。
2. 掌握应对讲价沟通实操流程。

【任务描述】

店铺在运营过程中，网店客服经常遇到客户讲价的事情。物美价廉是客户购买产品的永恒追求，这种求"实惠"心理普遍存在于客户群中。对于网店商家来说，只有尽量满足客户的求"实惠"心理，才能打开产品市场。为了店铺销量上涨，本任务要求运用应对讲价时的沟通技巧与客户交流，主动向客户介绍产品，促使顾客能下单购买更多的产品。

【任务分析】

销售员与客户天生是一对矛盾的共生体，作为销售员的一种，网店客服也是这样，与客户既是矛盾关系，又紧紧地联系在一起，两者的矛盾最明显的是体现在价格上。客户总希望产品的价格再低一点，讲价是客户的低价追求与网店客服的高价追求进行斗争的过程。通过本任务，注意学习客服应对客户讲价的正确沟通技巧，在之后与客户的交流中，能让客户放弃砍价下单购买。

【任务准备】

确保电脑设备及网络正常且稳定。

【任务实施】

一、应对客户讲价沟通技巧

对于网店客服来说，遇到一些爱讲价的客户是非常让人头痛的事情，然而又是无法避免。有些客户连单价几块钱的东西都要讲价，此时，客服具有丰富的应对讲价的知

5-19

识储备与对策就非常重要。应对客户讲价的沟通技巧有以下 10 种：比较法、拆散法、平均法、赞美法、得失法、底牌法、诚实法、分析法、转向法、提醒法。

1. 比较法　比较法，即与同类产品比价格。使用这一方法需要注意的是，比较对象应当是质量差距不大，但是价格更高的产品。这样，就能让客户衡量出产品的价格是否合理，进而更容易接受所提供的产品价格。

那么，比较法具体怎么应用呢？比较法应对客户讲价的方法如下。

（1）与低等产品做比较：客服可以将客户看上的产品和其他较为低等的产品做一下比较，让客户看到不同档次产品之间的鲜明差异。在比较期间，客服应就客户的需求给他们一些合理化的建议，使他们最终认识到还是之前看上的产品质量好，价格也较为合理。

（2）与同类高价产品做比较：客服可以将用户看上的产品和其他同类但价格更高的产品进行对比。在和用户交流时，你可以这样说："市场上××品牌的产品价格为××，我们的产品质量与其一样，但是价格却更低。"

（3）与同价值的其他物品进行比较：对比的作用就是用一方的劣势反衬另一方的优势，网店客服要学会用这种方法表明自己的价格是非常合理的，使目标客户不至于因为价格而放弃购买。

2. 拆散法　拆散法是指将产品的构成组件拆开来，分别对客户讲明组件的价格。只要说明产品的每一部分组件价格都便宜，那么客户就会相信产品的价格是合理的。这种讲价对策适用于结构复杂、有众多组件构成的产品，如轮椅、多功能治疗器等。

客户对于复杂产品的价格感知度非常低，听到价格就讲价已经成为一种条件反射。对于这种类型的客户，客服应当将产品拆解为客户熟悉的组件来分别说明价格是多少，以此证明产品的整体价格并不高。

3. 平均法　平均法是指将产品价格分摊到每月、每周、每天，尤其是客户反映产品价格太高的时候，将客户对产品的投资平均到每一天，说明花费并不高，是非常有效的。平均法适用于高档品牌的保健品、医疗器械等。

例如，医药客服可以这样说："这个按摩器您可以用很久。按两年计算，实际每天的投资是×元，您每天花×元，就可获得这个产品，这是相当得值啊！"

如果你是耐用消费品的网店客服，那么一定要学会使用这种方法应对客户的讲价。毕竟对于耐用消费品来说，整体价格并没有优势，但是平均到每一天的价格是非常有优势的。

4. 赞美法　如果产品的目标客户群是中高端消费者群体，那么使用赞美法夸赞客户的品位高，让客户为面子买单就比较有效。例如，这样说："女士，像您这样注重生活品位的人不会舍不得买这种产品吧。"这样不仅恭维了客户，还让客户无法再降低自己的身份进行砍价，如果客户确实喜欢产品一定会毫不犹豫地下单。在沟通过程中学会赞美客户，可以让客户感受到人格被尊重，最终为面子买单。

5. 得失法　购买产品的实质是投资，客户应当在价格的基础上，衡量品质、服务、产品附加值等，然后做出理智的购买决定。如果客户仅仅将眼光局限在产品的价格上，那么客服就可以使用得失法，向客户展示产品的附加功能，帮助客户全面衡量产品的价值。

得失法的实质是告诉客户产品的价格虽然很高，但是附加功能也很多。其他同类产品价格可能相对较低，但是也存在问题，即无法满足客户预期。客服如果选择降价，客户不一定买账，甚至以为你的产品质量不好，否则也不会轻易降价。

6. 底牌法　底牌法是最直接的拒绝客户讲价的技巧，表明自己产品的价位已经是最低价，无法继续降低，否则自己就会亏损。通过亮出底牌，客户会感觉价格是合理的，自己再继续讲价就显得不近人情了。

一些网店客服为了促成交易，在客户讲价环节轻易做出妥协、让步，只要客户开出的价格达到了他们心中可以成交的底线，他们就会干脆地表示同意。事实上，客户并不会喜欢他们这样让利，反而会认为如此干脆、果断地让步意味着产品的价值并不高。在这种情况下，很多客户会对自己的报价后悔，要么放弃购买，要么得寸进尺，逼迫客服做出更多的让步。

那么，优秀的网店客服都是怎么拒绝客户的讲价要求的呢？下面是拒绝客户讲价的3个步骤：①表明产品已经是最低价；②强调产品能够给客户带来的好处；③突出产品的独特性。

7. 诚实法　很少有人能够花很少钱买到品质高的产品，这几乎成为一个真理。诚实法就是坦诚地告诉客户便宜没好货，不要心存侥幸。

近年来，国人的感官意识和审美水平普遍提高，购物时在质量与价格之间选择质量的人越来越多。高质量的产品给客户带来的好处是省时又省心，但依然有些客户为了一时贪图便宜而选择价格最低的产品。便宜的产品到底能不能买？便宜的产品到底有没有好货？你可以为客户分析一下，让他们对"便宜没好货"有一个清晰的认知。

8. 分析法　客户在做购买决策的时候通常会参考3个方面：第1个是价格、第2个是品质、第3个是售后服务。当客户讲价的时候，你应当对产品的价格、品质与售后服务进行综合分析，让客户真正爱上你的产品，而不是在价格上与客户过多纠缠。

例如，当客户说某同类产品比你的价格低的时候，客服应该怎么回复呢？

（1）合理的回复如图5-3-1所示。

（2）错误的回复示范：以下这种回答无可厚非，但是很难将客户留下，如图5-3-2和图5-3-3所示。

当客户讲价时，客服真正要做的是让客户知道产品定价的理由，打消客户继续讲价的念头。很多客服不会讲产品，只会说："我们的产品物超所值！一分价钱一分货！"这种说法非常笼统，难以让客户信服。

▲图5-3-1　合理的回复示范

▲ 图5-3-2 错误的回答示范1　　▲ 图5-3-3 错误的回答示范2

分析产品价格的时候,应当涉及材料成本、宣传费用等;分析产品质量的时候,需要介绍产品的材料、款式、特性、功能等;分析产品售后服务的时候,可以讲到服务与承诺等。

9. **转向法**　转向法是指当客户讲价时,不提自己的产品优势,而是介绍同类产品的弱势,并通过这种方法消除客户的心理防线。但是,在讲同类产品弱势的时候一定要客观,不能对竞争对手恶意攻击,以免让客户产生怀疑。

通过转向法讲述同类产品的弱势,突出自身产品的优势,首先需要清楚产品的哪些方面容易影响客户对价格的判断。

一般来讲,影响到客户对产品价格敏感度的因素有3个,分别是产品质量、产品档次和服务质量。

(1) 产品质量:如果产品的质量非常好,符合客户的心理、生理需要,具有很高的使用价值,那么客户对价格的高低就不是非常敏感了。在这方面,客服可以介绍某款同类产品让客户看,并分析其质量劣势,以此反衬自己的产品质量好。

(2) 产品档次:一般来说,产品的档次越高,客户对价格反应的敏感度越低。高档产品一般是由购买力水平比较高的客户来消费,他们往往对价格的高低并不在乎,价格越高,越能满足他们的自尊和表现自我的消费心理需要。在这方面,网店客服可以介绍某款同类产品给客户看,并分析其产品档次不够,尽管价格不高但是无法体现客户的品位。

(3) 服务质量:客服的服务质量也影响着客户对价格的敏感度。如果能够保证为客户提供满意的服务,那么,即使你所推销的产品比竞争对手的价格高一些,客户也会愿意购买的。因为客户会把任何一种额外的服务项目都看成是某种形式上的降价。

10. **提醒法**　当客户想要以最低的价格购买最高品质的产品,而你的产品不能降价时,可以使用提醒法提醒客户网上假货泛滥,千万不能贪图小便宜吃大亏。

例如,可以这样提醒客户:"以较高的价格购买高品质的产品,服务高品质的生活,或者以较低的价格购买劣质产品,降低您的生活品质,您会选哪一项呢?您愿意牺牲产品的品质只为了便宜吗?如果是假货您又怎么办?您确定没有良好的售后服务,产品可以安心使用吗?有时候您只需要多投资一点,就可以获得我们真正要的产品,这也是蛮值得的,您说对吗?"

在提醒客户贪便宜容易买到假货的时候,如果能够使用具体的案例会更有说服力。例如,可以这样说:"个别客户贪便宜,买了假的保健品。您可以想想看,有的店铺卖60元,有的店铺卖260元,您觉得哪个是真的?您肯定会去看图片和描述吧?但是现在,有些商家昧着良心做生意,他的图片也许是盗用别人的或者经过很大处理的。"

客服接着说:"回到价格60和260,也许很多图便宜的客户就选择60元的那个。结果呢,买回来用后发现是假货。有的客户可能不在乎,反正60元钱,有的客户却很生气,60元钱买回的这是什么?找客服、投诉、给差评等麻烦事接踵而来,如果商家不吃您这套呢?既然敢卖假货,很有可能信誉都是花钱作假的。人家信誉那么高会在乎一个差评么?您最后只能是哑巴吃黄连有苦说不出。"

二、应对客户讲价沟通处理实操

1. 比较法沟通处理实操 客户准备在网上买一件保健品,进入一家医药店里。

步骤一:客户进店,客服正常接待,介绍推荐产品,如图5-3-4所示。

步骤二:客户选中了一件质量中上等的保健品,但是觉得价格高了点。

步骤三:客服给客户推荐本店价格低一些的保健品。

步骤四:客户看完价格低的产品,觉得价格低的不合适,药效没有那么好。跟客户比较清楚不同补品的价格差异之后,这时客服可以推荐客户去同类商品店铺看看,从而才可以更好地跟客户去比较。

▲ 图5-3-4 介绍推荐产品

5-3-1
比较法沟通
处理实操

步骤五:客户搜索了××品牌,发现各方面都与自己看上的那款保健品相似,只是价格更高。这时候就可以很好地用比较法来给客户分析该款产品的优势。

步骤六:客服成功地把一件保健品卖给客户。主要是因为她让客户从心底接受了这个起初难以接受的价格。原来的价格没变,但变的是客户的心态。

2. 拆散法沟通处理实操 某客户在一家医药店相中了一把轮椅,左挑右选不知道到底该买哪一把。客户首先来到了价钱比较高的店铺。

步骤一:当客户直接发来产品链接进行议价时,客服可以先不着急和客户还价,而要让客户先了解功能,如图5-3-5所示。

步骤二:一般客户不会拒绝客服去给他介绍产品的功能,这时客服就需要用拆散法来给客户介绍。

5-3-2
拆散法沟通
处理实操

步骤三:听完以上客服的介绍,客户一般都会动心,需要的就是一把舒服、质量好的轮椅了。但客户一般还是会尝试还价,客服就需继续给客户分析产品的价值,最后客户一般都会下单。

3. 平均法沟通处理实操 客户来到一家药店,想买补品但是感觉价格太贵了。具体沟通场景如图5-3-6所示。

▲ 图5-3-5 当客户进行议价时

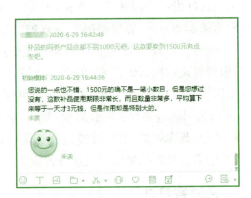

▲ 图5-3-6 沟通场景

客服先承认了客户的说辞,让他的心理得到了满足。然后,又给他算了一笔账,将原来1500元的大数目化整为零,使其显得不多。然后再和一盒烟钱相比,就更显得微不足道了。于是,客户心安理得地下单付款。

4. 赞美法沟通处理实操 赵先生要送生日礼物给自己的家人,在送什么礼物上犯了愁。在网上逛了几家店后都没有发现自己满意的,赵先生决定再看一家店,如果依然买不到就去实体店看。

步骤一:客户来到店铺,客服要主动上前打招呼,这样客户能感觉到你的热情诚恳,自然会愿意多给你机会推荐产品,如图5-3-7所示。

5-3-3
赞美法沟通
处理实操

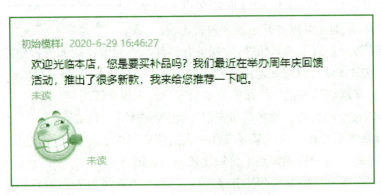

▲ 图5-3-7 客户来到店铺

步骤二:当客户知道店铺有回馈、有新款,还主动介绍,客户一般都不会拒绝你的。这样你就可以给客户推荐自己的产品。

步骤三：客户有需求，一般会从你的推荐中发现一些心仪的产品。客户发来心仪的产品询问价格后，先不要直接和客户议价，而是先赞美客户，并跟客户分析我们产品的特点。

步骤四：赞美完客户之后就引导客户先聊其他与补品有关的问题，委婉避开议价。并再次塑造产品的价值点，打动客户。

步骤五：客户心动之后，也都是会希望再争取一下是否能再优惠一些。这个时候，客服应该知道离成功说服客户已经不远了，再来一次赞美。

步骤六：听了客服的分析，最后客户觉得以这个价格买下这个产品也是很合理的，最后愉快下单。

5. **得失法沟通处理实操** 赵先生想要买一台治疗仪，于是在各大医药用品旗舰店里寻找。有的客服把治疗仪的性能说得绘声绘色，但最后却被拒绝了，理由是太贵。然而，不久后，赵先生买了一台更贵的治疗仪。我们来看看具体的沟通场景，如图5-3-8所示。

在深入交谈后，赵先生买了好药师家的治疗仪。对他来说，买哪家的治疗仪都一样，只不过好药师的客服通过得失法让他忽视了价格，更加看重治疗仪的品质、服务与附加值。

6. **底牌法沟通处理实操** 这里我们用一个反例来说明底牌法。

案例背景：赵先生要为公司购买一批医用护腰带，选中了天猫上的一家医药品牌旗舰店，如图5-3-9所示。

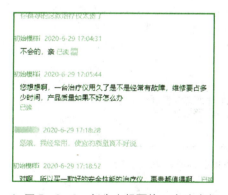

▲ 图5-3-8 赵先生想要换一台治疗仪

▲ 图5-3-9 赵先生要为公司进购一批医用护腰带

5-3-4 底牌法沟通处理实操

客服报价后，赵先生也觉得这个报价是非常合理的，可是他还是砍价了。且客服并没有拒绝，一口答应了。

这时赵先生就有些犹豫了，他想道："这么爽快，看来我开的价还有往下压的空间。"于是，赵先生运用更高权威法告诉销售员。

几天以后，赵先生给客服发信息，然后客服也答应了。就在那一瞬间，赵先生突然有一种被骗的感觉。他想，对方的底线到底是多少呢？虽然他已经把价格从1380元谈到了1200元，可赵先生仍然相信自己完全可以把价格压得更低。

案例中客服轻易答应了赵先生的第一次还价，这让赵先生有种还可以"得寸进尺"

的感觉,最终延缓了这次交易,而找借口再次把价格压低。虽然赵先生占到了很大的便宜,但他始终觉得自己被骗了,觉得价格还可以更低。

而客服在交易中不敢拒绝赵先生的还价,结果却没有得到任何好处。试想,如果在赵先生第一次还价时,客服表示价格已经是最低了,无法再让利,赵先生一定会欣然接受的,还会有种买得值的感觉。

7. 诚实法沟通处理实操　赵先生在天猫上看上一台多功能按摩器,价格为699元,觉得太贵了,可是又非常喜欢,于是开始与客服还价。

(1) 客户没下单的沟通场景,如图5-3-10所示。

最终,赵先生还是没有下单,因为客服虽然给了折扣,但是没有达到他的预期。试想,如果客服最初坚持不让价,通过诚实法表示一分价钱一分货,那么赵先生下单的可能性就会增加。

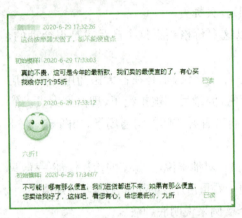

▲ 图5-3-10　客户没下单的沟通场景

(2) 客户最后下单的沟通场景,如图5-3-11所示。

▲ 图5-3-11　客户最后下单的沟通场景

听完这番话,赵先生衡量了一下自己的承受能力,觉得能够承担,就去下单了。由此看出,客户犹豫时,客服用诚实法说的话很重要。

8. 分析法沟通处理实操　下面我们用赵先生为公司购买一批助听器的案例来讲解用分析法沟通处理,如图5-3-12~5-3-14所示。

就这样,通过综合分析助听器的价格、品质与售后服务,赵先生接受了好药师客服报出的高价格。

9. 提醒法沟通处理实操　客户在选择产品时可能忽略了一些东西,这时就需要你用提醒法去提醒客户。这里我们以销售高等滋补品为例来讲解如何用提醒法来应对客户讲价。提醒法的具体沟通场景,如图5-3-15所示。

项目五 售前客服沟通技巧

▲ 图 5-3-12 赵先生为公司购买助听器　　▲ 图 5-3-13 赵先生为公司购买助听器

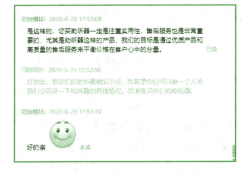

▲ 图 5-3-14 赵先生为公司购买助听器　　▲ 图 5-3-15 提醒法

 **任务评价**

通过本任务的学习,请按表 5-3-1 检查掌握的所学内容。

表 5-3-1 应对讲价沟通操作评价表

序号	鉴定评分点	分值	评分
1	熟悉应对客户讲价的沟通技巧	40	
2	能用不同的技巧应对客户讲价,并让客户下单	60	

 知识延伸

1. 如何应对顾客砍价的 8 大销售话术。
2. 客户杀价"太狠"该怎么办？教你 6 招保命技巧。
3. 客户总拿竞品来砍价怎么办？

以上知识延伸的内容,可扫描二维码进行学习。

5-3-5
知识延伸

 能力拓展

客服经常遇到客户讲价的情况,本身产品没赚多少利润,客户又坚决要讲价。这

5-27

时,在和客户交流的过程中,客服要利用一些沟通技巧来应对客户讲价,并且最后能让客户下单购买。现要求同学们根据以下的情景对话进行分析。

情景对话:

客户:你好,我打算买一件滋补品送给我的家人。

卖家:您好,我们店铺有几款较好的滋补品,我把链接发给您,您先挑选,看看喜欢吗。

客户:这几款都很好,就是价格太贵了。

卖家:如果您觉得这件产品价格高了,您也可以再看看这件产品。

客户:这件补品作用没有刚刚那件补品好,但是刚刚那个太贵了。

卖家:要不您再看看其他家的,他们和我们家的这件宝贝一样的,但是他们卖的更贵。

卖家:我们家的这件补品一盒有6瓶,实际一瓶才100元呢,这是相当得划算啊。

客户:一下买6瓶还是觉得有一点贵了。

卖家:亲,像您这样爱护身体的人,不会舍不得买这种产品的吧。

客户:我再考虑看看,我刚刚看到一家店,一样的产品比你们价格便宜。

卖家:如果您确实想要价格更低一些,非常抱歉。我们家的补品都比较贵,虽然其他家也有便宜一点的,但是一分钱一分货啊。我们的补品虽然稍贵一些,但是质量保证是正品,假一罚十,同时我们的售后服务也很好的。您可以再考虑一下。

客户:好的,那我就下单购买了。

(1) 根据客服和客户的对话,分析客服用了哪些沟通技来应对客户讲价。

(2) 分析情景中客服有哪些不足的回答,并做出合理的回答。

模块三
网店客服沟通技巧

项目六　售中客服沟通技巧

售中服务是指在产品销售过程中为顾客提供的服务。售中服务与顾客的实际购买行动相伴随,是促进商品成交的核心环节。

售中服务的目标是为客户提供性能价格比最优的解决方案。销售过程是以销售机会为主线,围绕着销售机会的产生、销售机会的控制和跟踪、合同签订、价值交付等一个完整销售周期而展开的,是既满足客户购买商品欲望,又满足客户心理需要的服务行为。同时,一笔订单从起始到结束的过程往往会遇到物流出现问题或者商品没达到客户要求,客户提出退换货等情况。因此,本项目将介绍处理物流及退换货问题的沟通技巧,从而掌握售中客服在沟通中会出现的任何状况的解决方法。

任务一　处理物流沟通技巧

 学习目标

1. 熟悉客服处理物流问题的技巧。
2. 掌握处理物流的沟通流程。

 任务描述

做电商的朋友经常觉得自己操碎了心,特别是对于物流快递这一块,因为一般都是交给第三方做的,所以有的时候就会觉得力不从心,是自己不能掌控的事情,而买家在购物时常常又会把物流速度纳入是否拍单的考虑因素中去。本任务将重点介绍客服人员在处理物流问题时如何有效地与客户进行沟通,并掌握沟通处理的实操步骤。

 任务分析

大部分网店都遇到过客户投诉物流问题的情况。尽管你的宝贝质量与服务都没问题,但是物流拖了你的后腿。作为网店,物流不是你能控制得了的,但是客户不会管这些,只要购物体验受到了影响,就会给你一个差评。关于物流,网店还是应该关注一些自己能够控制的因素。在学习本任务过程中,需要注意的是如何以正确的方法跟客户沟通物流的问题。

 任务准备

确保电脑设备及网络正常且稳定。

 任务实施

一、处理物流问题的技巧

中、差评是网店赋予客户的权利,让客户可以通过这一手段维护自己的权益。然而,在众网店商家收到的差评中,反映物流问题的差评占了很大比例。虽说物流快递是商家所不能控制的,但有没有什么方法可以降低物流对店铺的影响呢?下面将介绍6

种不同的物流问题处理技巧。

1. 给客户留言物流状态　经验丰富的网店商家都知道,就算是顺丰等大型正规的快递公司也会出现意外情况导致物流延迟。偶尔被物流连累是无法避免的,因此网店客服需要在物流方面用心服务。作为一名网店客服,应当随时跟进物流情况,掌握自己的货物行踪是否出现问题。这样等到客户询问时,才能准确应答,让客户满意。下面列举了客户下单后,网店客服需要做到的8点。

(1) 客户下单后要确认收货地址等信息:经常网购的客户都知道,大多数网店客服在客户下单之后都会核实收货信息。大家不要以为客户购物时默认的收货信息就一定是正确的,实际上因此而导致地址选错的案例不在少数。为了给客户带来贴心的服务,网店客服更是应该主动且有义务去提醒。很多客户的收货地址一栏有很多条选项,在拍货选地址时一不注意就会弄错。所以需要和客户确认一下,这是减少因地址错误或电话无法联系而造成派件延误的最好方法。

(2) 看客户地址是否在快递服务区内:确认客户的收货地址信息后,你还需要确认一下客户的收货地址是否在自己的合作快递服务区内。如果快递不到该地址,可以与客户协商换地址或者换快递。

(3) 及时发货:没有人喜欢一直等待,所以要尽早发货,免得客户胡思乱想,催促你发货。一般来说,每天下午4点之前的订单都应当保证当天发货。发货之前需要认真检查,匆忙发货有可能会出问题。下午4点后的订单可以第2天一早填单,即使是早上填单快递也是下午才来取,至少可以告知客户"你的宝贝已经打包好了,开始进入物流程序了"。

(4) 发货后点击确认发货并告知客户:下面列举了两个告知客户宝贝已发货的信息。如图6-1-1、图6-1-2所示。

▲ 图6-1-1　告知客户宝贝已发货的信息　　▲ 图6-1-2　告知客户宝贝已发货的信息

(5) 告知客户预测的到货时间:当你告诉他大概的收货时间,他会对到货时间是否及时有一个判断,然后想出如果到货不及时的解决办法。这样,客户一般就不会因为到货慢而抱怨了。否则,客户以为两天内可以到,而你也没有告诉他到不了,那么最后的结果就是中、差评了。

(6) 查询物流情况:对网店商家来说,经常关注自己已卖出货物的物流情况是一个好习惯。这样可以做到及时发现中间出现的问题,保证及时向客户通报情况。

查看货物物流情况,告知客户的具体流程是"我的网店→已卖出的宝贝→卖家已发货详情→物流和收货信息→查看详情→点击单号→把查询情况告诉客户"。如果网店客服能够掌控物流信息,发现客户在东西到货之后没有及时签收就可以马上联系一下客户。

(7) 电话联系公司和客户:有时候快递可能在中途某一站点停留了,两三天都没有走动或者已经到达目的地两三天,快递公司却没有安排派送,这时候最关键的就是安抚客户,告诉客户会马上联系解决。

(8) 摆正心态,勇于承担:如果你已经做到了以上全部,但是客户还是没有满意,那么你就需要摆正心态,勇于承担,不能将责任推卸给他人。

2. 客户急催发货 每个消费者在网上购买到自己心仪的产品之后,肯定是迫不及待地想要收到它们的,所以就导致了不少客服收到买家催发货的问题,如果一下子有太多人来问的话,会影响客服的工作效率的。那么针对客户紧急催货的情况,客服应该如何进行沟通呢?

(1) 未发货之前:这里用"第一时间为您安排发货"表达出了你对客户的重视以及工作效率,并给出了最晚发货时间的承诺。如图6-1-3所示。

(2) 发货不及时:作为网店客服,需要理解客户的心情,站在客户的立场上给客户做出解释。如果可以申请小礼物给客户做补偿,让客户感觉受到重视,客户很可能会原谅你。客户若是真的着急,就需要帮客户协商别的处理办法。如图6-1-4所示。

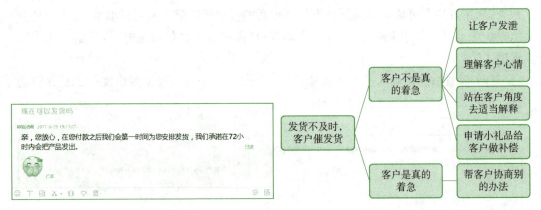

▲ 图6-1-3 未发货之前　　　　　　　▲ 图6-1-4 发货不及时处理方法

3. 客户收到货物少件

(1) 判定货物少件的处理流程与方法:对网店商家来说,出现问题弄清楚是谁的责任固然重要,但是如果只是找到责任方而忘记了解决问题那就不是一个好现象了。不管是商家还是客户,出现货物少件问题后心情都不会好,所以在沟通时应当相互体谅相互包容,一起把问题解决掉。

下面是判定货物少件的方法:①联系客户,了解情况;②自检发货环节;③了解货物是否客户本人签收;④客户本人签收情况下的处理;⑤第三方签收情况下的处理。

(2) 如何避免少件问题:货物少件给客户和淘宝商家都带来了一系列麻烦,作为网店商家,怎样才能避免此类情况的发生?要注意以下 4 点:①发货前做好产品数量、质量核对;②做好包装加固;③一些特殊货物应当提前约定送货;④选择一个服务周到的快递物流公司。

4. **客户称发错货** 大多数网店都出现过仓库发错货的情况,除了提高仓库工作人员的效率,减少出错率之外,商家还应当在一定程度上扭转客户收到错发货的不良印象,将失望的客户转化为愿意二次消费的忠诚客户。

那么,客服要怎么处理发错货的问题呢?如图 6-1-5 所示为发错货的处理流程。

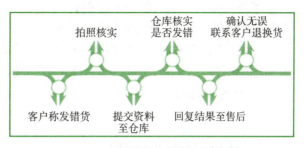

▲ 图 6-1-5 客户投诉发错货的处理流程

证实自己发错货后,网店客服需要向客户表示歉意,安抚客户的情绪,并建议客户退换货。如图 6-1-6 所示。

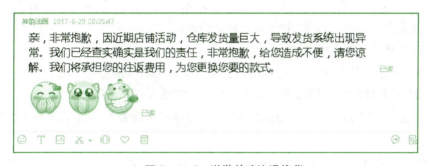

▲ 图 6-1-6 道歉并建议退换货

其实,发错货几乎是每一个网店商家不可避免的事情。商家只能尽自己最大的努力减少出错率,但是无法保证百分百不出错。包邮退换、送优惠券、红包或小礼物安抚客户都是发错货后的处理方法。

5. **客户抱怨物流慢** 作为网店客服,经常收到客户抱怨物流慢的信息,而面对客户的抱怨,客服回答的语言既要能够安抚顾客,又要符合网店规则,以保证店铺以及自身的安全。下面将针对 3 种常见的现象来介绍应对客户抱怨物流慢的处理技巧。

(1)"我多久才能收到货?"这种问法说明客户的情绪还是比较稳定的,属于比较理智的客户。对于这样的客户,你需要告诉客户物流距离与预计的到货时间,这种时候顾客的心态就是担心你把他的商品给遗忘了,你需要让他知道自己一直在关注他的商品动态,让他感觉得到了重视。

(2)"我的货怎么还没有到,怎么这么慢?"客户这样问,说明他已经有抱怨的情绪在,你需要表明自己无法控制物流速度,但是下次会为他安排更有效率的物流公司,用贴心的服务化解客户的不满。

（3）"我都等了这么多天了,怎么还没到?"如果客户已经等待很多天,说明物流很有可能出现了问题,你需要查看物流是否真的有问题。如果同城两天还不到,外省五天还不到那就是不正常的,你可以打电话联系物流询问情况,然后告诉客户。

6. 客户反映货物受损　对于物流途中容易受损的货物,网店商家应当主动提醒客户注意验货再签收,货物破损可进行拒收。在提醒客户时,应当保持友善的态度,与客户建立良好的合作关系。如果客户反映收到货物破损,淘宝商家可以做以下处理：①向仓库确认发货时货物的完整性；②问客户是否本人签名；③向物流公司核实货物签收情况；④向客户解释签收时不验货的风险；⑤委婉地跟顾客说明情况,提出合理的解决方案。

二、物流问题沟通处理实操

宝贝卖出后可能还会出现很多意想不到的问题,也许是包裹破损或丢失,也许是物流太慢而无法准时到达,又或者根本不能到达而卖家在发货之前没有发现,还有可能是物品被退回或是买家根本没拿到宝贝而投诉商家。种种事端都需要卖家在发货前、发货时、发货后处理好物流问题,并与客户做好沟通。

1. 全程给客户留言物流状态

步骤一：客户下单后,与客户核对收货的地址和姓名等信息。

步骤二：发货后发短信或者旺旺通知客户。如图6-1-7所示。

步骤三：查询物流状态,并短信告知客户,让客户了解我们有实实在在关注他的货物物流状态。

步骤四：货物已到达并派送中,提醒客户要本人当面签收并验货,包裹有问题可拒签。如图6-1-8所示。

6-1-1 全程给客户留言物流状态

▲图6-1-7 发货后发短信或者旺旺通知客户

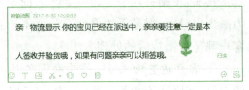
▲图6-1-8 货物已到达并派送中

步骤五：宝贝已签收,提醒客户给五星好评。

2. 客户急催发货　现在很多在网店上买东西的客户都没什么耐心,他们甚至恨不得下单付款后立即发货,发货后立即就能收货。因此,网店每天都免不了要面对一堆催单的客户。

（1）已安排发货,但是物流没显示。

步骤一：面对客户的催发货,客服应该去理解客户,先安抚客户的情绪。不要只是站在客服及店铺的立场上去跟客户解释,如此客户只会更生气。如图6-1-9所示。

步骤二:告诉客户我们会马上为他处理问题。如图6-1-10所示。

▲ 图6-1-9 面对客户的催发货

▲ 图6-1-10 告诉客户会马上为他处理问题

(2)确实还没有安排发货的。

步骤一:先和客户共情,表示非常理解客户的心情,来缓和客户的情绪,让客户感觉自己和他站在了同一战线上,为下面的解释做铺垫,如图6-1-11所示。

步骤二:先赞美客户,然后站在客户的角度给出合理的解释,让客户没有理由继续为难你。如图6-1-12所示。

▲ 图6-1-11 缓和客户的情绪

▲ 图6-1-12 赞美客户

3. 客户收到货物少件

步骤一:如果客户称收到的货物少件了,客服首先需要让客户提供收到包裹的快递包装袋和收到的宝贝的图片。如图6-1-13所示。

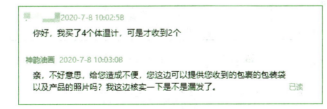

▲ 图6-1-13 如果客户称收到的货物少

步骤二:自检发货环节,核实是否是自己漏发货了。

步骤三:如果核实确实是漏发了,要及时和客户说明清楚,立即给客户补发货物,并赠送小礼物,以表歉意。

步骤四:如果核实自己发货不存在问题,就需要去核实物流问题,比如包装是否有损坏,发件地和收件地的包裹重量是否一致等,找到问题之后及时跟客户说清楚。

步骤五:物流出现问题也需要客服及时安排补发货,并找物流公司索赔。

4. 客户称发错货

步骤一:客户称发错货物,客服应该立即核实。如图6-1-14所示。

6-1-3
客户称发错货

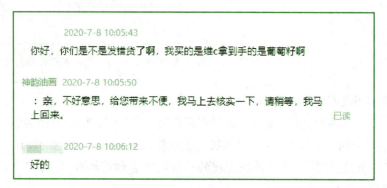

▲ 图6-1-14 当客户反映发错货时

步骤二:核实完成后,可以先跟客户致歉,然后了解客户对收到产品是否喜欢。

步骤三:如果客户也喜欢发错的货,那当然是最好的,但是大部分客户是比较喜欢自己选择的产品的,所以这时候,客服就需要为客户办理退换货。

5. 客户抱怨物流慢

(1)场景一:"我多久才能收到货啊?"如图6-1-15所示。

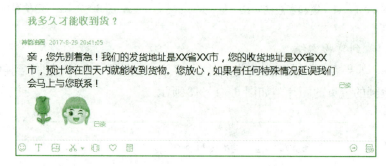

▲ 图6-1-15 多久才能收到货

(2)场景二:"我的货怎么还没到,怎么这么慢?"如图6-1-16所示。

(3)场景三:"我都等这么多天了,怎么货还不到?"如图6-1-17所示。

6. 客户反映货物受损

步骤一:当客户反馈收到的货物受损时,客服要先表示理解客户的心情,然后要和客户确认是否是本人签收并验货,如图6-1-18所示。

项目六 售中客服沟通技巧

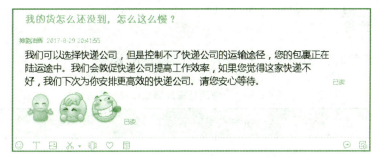

▲ 图6-1-16 我的货怎么还没到

▲ 图6-1-17 等了这么多天

▲ 图6-1-18 客户反馈货物受损

6-1-4
客户反映货物
受损后沟通

步骤二：向物流公司核实货物签收的情况以及向仓库确认发货时的完整性，并和客户解释签收时不验货的风险。

步骤三：主动友好地找客户协商解决问题。

步骤四：问题解决后再次提醒客户签收快递要亲自验货。

6-9

任务评价

通过本任务的学习,请按表6-1-1检查掌握的所学内容。

表6-1-1 物流处理沟通操作评价表

序号	鉴定评分点	分值	评分
1	熟悉物流问题处理的沟通技巧	40	
2	能独立处理客户物流的不同问题,安抚客户并提出合理的解决方案	60	

6-1-5 知识延伸

知识延伸

1. 客服消除客户对物流的担忧。
2. 网店客服如何处理快递问题。
3. 网店物流问题以及处理建议。

以上知识延伸的内容,可扫描二维码学习。

能力拓展

针对不同的物流问题,应采用不同的处理方式。现要求同学们根据以下的情景对话,分析出存在的物流问题,并提出完善措施。

情景对话:

客户:!!!!

卖家:您好亲,有什么需要呢?

客户:这都多少天了,我东西还没收到,你们怎么搞的!!

卖家:抱歉亲,稍等一下我查查物流信息。

客户:马上!!!

卖家:您好,刚查了物流信息,货已经到您当地了。可能还没派送吧。

客户:你们选的快递公司怎么这样,一点工作效率都没有!

卖家:不好意思亲,快递那边的事不归我们管,麻烦你去找他们哦。

客户:你这是什么意思啊,我在你们店买东西,快递没到我不找你们找谁啊!

卖家:我们也不清楚,麻烦您打电话去问快递公司。

客户:你们这家店也太不负责任了吧!我要去投诉你们!气死我了!!

(1)根据客服和客户的对话,请说说客服在哪些地方出现了问题。

(2)假如你是客服,你会如何接待这位客户?

项目六　售中客服沟通技巧

任务二　处理退换货沟通技巧

 学习目标

1. 熟悉退换货处理流程。
2. 掌握退换货处理的沟通技巧。

 任务描述

网店每天的交易量巨大，在网店经营中，不管是新手卖家还是老手卖家，都会遇到买家因各种因素提出退换货的情况，这是正常现象，但要怎样进行稳妥处理并且从中吸取经验教训，才是卖家应该考虑的重要问题。本任务为熟悉处理退换货的沟通技巧，学会并掌握沟通的实训步骤。

 任务分析

随着电商交易的爆炸性增长，退货也正按着15％的年度比率增长。按照这种趋势，因退货而产生的网店经营成本将不断增加。因此，对于网店客服来说，应当处理好退货问题，尽可能通过换货来解决客户问题，最大程度降低商家的损失。在学习本任务过程中，需要注意如何以正确的方法跟客户沟通。

 任务准备

确保电脑设备及网络正常且稳定。

 任务实施

一、退换货流程

正常的退换货流程是买家与卖家沟通，并提出申请，然后卖家了解情况之后与买家讲清楚退换货的操作方法，并给予及时的处理和实时关注。

现在网店基本都有7天无理由退换货的服务。7天之内，如果是产品的质量问题需要退换货的，那么运费由卖家承担。如果是非质量问题，那么退换货的来回运费一般是

6-11

要买家自己承担的。退换货流程如图6-2-1所示。

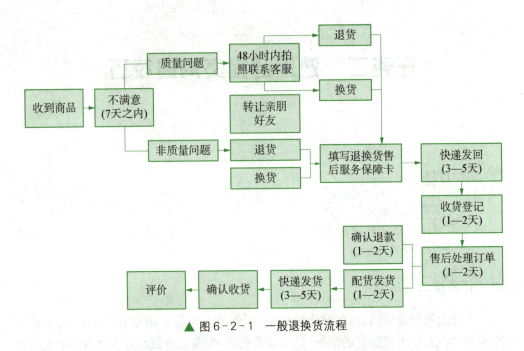

▲ 图6-2-1 一般退换货流程

现在很多卖家都会给买家赠送运费险,这样可以让买家对购买卖家的宝贝更没有后顾之忧。如果买家购买的宝贝是有赠送运费险的,那么不管宝贝是否是质量有问题,退换货所需费用都不需要买家自己承担了。当然,如果卖家没有赠送运费险这一项服务,买家在购买宝贝的时候自己也可以选择购买运费险。退换货流程如图6-2-2所示。

▲ 图6-2-2 有运费险的退换货流程

二、退换货沟通处理实操

随着网购越来越普及,它的可靠性也成为一大焦点。我们在收到宝贝后,可能会因为色差、材质、大小、效果而对宝贝不满意,这个时候人们就会选择退换货,具体情况需要具体处理。

1. **延迟发货退款**　一般商家都不会违背发货时间的承诺,如果出现了延迟发货问题,商家就要及时了解延迟发货的原因,并及时解决客户的问题。

6-2-1
商家原因导致延迟发货处理

(1) 商家方面原因:如果确实是因为商家的原因延迟了发货,那么商家就要主动去赔偿客户。

(2) 商家已经和买家约定好发货时间:如果是这种情况,商家可以提供相关页面提示的凭证,比如客服与客户在阿里旺旺或者QQ、微信等聊天软件上约定了发货时间,提供旺旺或者QQ、微信的聊天记录截图或者举证号等。

6-2-2
商家与买家提前约定了发货时间

(3) 第三方物流原因:如果是因为第三方物流原因使得货物没有物流跟踪信息导致客户退款的,商家需要提供物流公章凭证。同时平台也开启了最专业的人工客服为商家解答疑问,商家只需要按照如下流程进行咨询:卖家中心→客户服务→投诉管理→我收到的投诉→查看详情→人工云客服。

2. **7 天无理由退货**　现在很多商家都加入了 7 天无理由退换货服务,但是每次退货时双方总会因为客户个人原因或者商家产品质量问题或描述不符等原因退货。

步骤一:当客户反映产品有问题,想要退货时,需要与客户进行沟通,然后将沟通信息记录保存或者截图,方便后期取证。如图 6-2-3 所示。

步骤二:如果是医药类产品,客户称产品质量不行要退货,客服需要主动告诉客户,店里的产品是按国家标准制作的,并向客户解释清楚,如果超过 7 天,则不能按"七天无理由退换货"退货,需要客户自己承担运费。

▲ 图 6-2-3　信息记录截图

6-2-3
客户 7 天无理由退货

3. **因质量问题退货**　如果客户在收到货之后,提出因商品的质量问题想要退货,那么客服需要第一时间和客户进行沟通,让客户通过拍照等方式来了解验证是否真的是产品本身的质量问题或是因为是外部因素导致的产品被损坏等。如果真的是产品本身出现了问题,就要及时和客户进行道歉,并给客户提供解决方案,如补发或换货等。如果客户坚持退货退款,也要主动积极地指导客户办理退货退款的操作,并告知客户,运费由商家承担。

6-2-4
因质量问题退货沟通

4. **店铺红包售后退款**　无论是售中退款还是交易成功后的售后退款,任何类型的退款商家都只是退还客户实付现金。在售后的退款中,平台只会在保证金中扣除实付现金,不会扣除店铺红包。如图 6-2-4 所示。

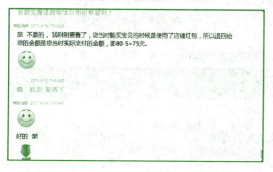
▲ 图 6-2-4　只退还客户实付现金

5. 产品优惠券退款 产品优惠券和店铺红包类似,在退款时也不需要退还给客户。由于客户在购买产品时直接减掉了优惠券金额,商家可以直接看到客户实付价格是多少,所以在处理交易退款时,按照平时的退款流程处理就没有问题。如图6-2-5所示。

6. 支付宝红包退款 一些商家可能会有疑问,支付宝红包不是与店铺红包一样,后续只退给客户实付现金就可以了吗?其实并非如此,由于支付宝红包是官方发放的现金红包,所以退款与店铺红包是不同的。在售后退款过程中,除了客户选择"未收到货物"售后退款,并且同意商家退还支付宝红包外加实付现金的情况外,其他任何方式的售后退款类型,商家都需要以现金的形式退还客户支付宝红包以及实付现金金额。如图6-2-6所示。

▲ 图6-2-5 产品优惠券退款

▲ 图6-2-6 支付宝红包退款

7. 免单产品退款 淘宝免单产品这种付款方式的实质是平台出钱为客户买单,等于给了客户一个产品等金额的支付宝现金红包。因此,客户后续申请退货退款后,退款会以现金的形式退还到客户的支付宝里,并不会从商家那里扣除额外的钱。如图6-2-7所示。

通过本任务的学习,请按表6-2-1检查掌握所学内容。

▲ 图6-2-7 免单产品退款

表6-2-1 处理退换货沟通技巧操作评价表

序号	鉴定评分点	分值	评分
1	熟悉处理退换货流程	40	
2	能根据不同的退换货情况独立处理客户退换货的问题,安抚客户并提出合理的解决方案	60	

项目六 售中客服沟通技巧

 知识延伸

1. 如何巧妙处理退换货。
2. 怎么更好地处理淘宝退换货问题。
3. 淘宝 7 天无理由退换货规则。

以上知识延伸的内容,可扫描二维码进行学习。

6-2-5
知识延伸

 能力拓展

针对不同的客户退换货的原因,应采用不同的处理方式。现要求同学们根据以下的情景对话,分析出客户存在不满的原因,并提出完善措施。

情景对话:

客户:我收到你们的轮椅了,但是组装一下我发现轮椅上有个零件缺少了!

卖家:您好,麻烦您先告诉我一下您的收货人姓名或者订单号,我先帮您查询一下好吗?

客户:我叫×××,订单号×××。

卖家:不好意思亲,我帮您查看了一下,按理是不会出现有零件缺失的情况的。

客户:那你的意思是我把零件藏起来?我要退货!

卖家:亲不是这个意思的,麻烦您先提供一下产品的质量问题细节图,并且保证商品无人为损坏的痕迹,商标齐全。

客户:怎么这么麻烦!

卖家:亲,这是正常的退货流程,用以确保商品的质量。

(1) 根据客服和客户的对话,请说说客户对哪些方面不满意。
(2) 假如你是客服,你会如何接待这位客户?
(3) 针对客户有退货的想法,如何才能挽回客户的心,弥补损失呢?

模块三
网店客服沟通技巧

项目七　售后客服沟通技巧

　　一个优秀的客服要做好售后服务不仅需要一定的经验、扎实的客服基础,还要有熟练的沟通技巧。客服是淘宝店铺直接面向顾客的窗口,尤其是淘宝售后客服更能够影响顾客对店铺的直观感受,售后服务做得好,回头客就会更多,网店发展也会越来越壮大。

　　本项目将介绍处理中差评及客户投诉时的沟通技巧。

任务一　处理中差评沟通技巧

　学习目标

1. 掌握中差评沟通技巧。
2. 处理中差评实操训练。

　任务描述

在店铺运营的过程中,往往会发生客户对店铺商品不满意或是服务不满意,从而对商品给出中差评的情况。此时,客服人员要如何与客户沟通,妥善地处理好客户提出的问题,才能赢得客户的信任呢?本任务通过和客户交流来了解客户给出中差评的原因,然后使用不同的沟通技巧来消除客户给出的中差评。

　任务分析

商家对于客户给的中差评应该都不陌生,辛辛苦苦为客户服务却换来中差评,这对于一些小店铺来说是有很大影响的。可以说,中差评是每个网店商家心中抹不去的痛,然而如何处理中差评,让客户删除评价或改为好评呢?本任务着重介绍如何把握好与客户沟通的最佳时机,妥善地处理客户提出的问题,赢得客户的信任,并学习如何解决客户给出的中差评。

　任务准备

确保电脑设备及网络正常且稳定。

　任务实施

一、中差评处理技巧

客服的主要任务就是与客户沟通,帮助客户解决问题,提升客户对商家的满意度。当店铺收到中差评之后,客服的任务就是通过与客户的沟通让客户及时修改评价,从而降低因中差评给店铺带来的影响。

1. 选择合适的时间点联系客户 处理好1个差评胜过10个好评。中差评是客户给店铺的一个负反馈，有反馈总是好的，这是与客户近距离接触的切入点，可借此机会与客户深入接触和沟通，从而拉近与客户的关系，处理好的话，说不定还能将其转变成店铺的忠诚客户。下面我们介绍一下商家处理中差评的5种思路。

（1）重视时效性：对商家来说，时效性是指在最短的时间内看到最新的中差评并第一时间联系到客户，一个优秀的中差评处理团队所起到的作用是相当重要的，非常有效地控制了店铺经营风险。

当客户给出中差评之后，如果能在第一时间获知并与客户进行联系，那么解决问题的效率就会很高。越是拖延时间，成功解决客户问题的可能性就越小，且可能还会因此而付出更大的代价。

（2）选择合适的时间点：与客户沟通之前应当先考虑一下哪个时间点最合适。通过客户信息判断客户职业、行业，了解该行业作息制度，这样能减少拒接、挂断、甚至被骂的概率。可以帮助判断客户职业、行业的参考因素主要有：①客户购物史；②客户的收货地址；③给出的评价内容；④给出的中差评历史。

（3）电话是沟通工具首选：电话是最好的进行中差评售后处理的沟通工具。可以通过电话＋沟通技巧＋态度诚恳＋适当补偿达到最理想的处理效率。

（4）客户在线是最佳时机：客户如果在线，不管是在电脑端还是App端，我们在聊天界面都可以看到客户的头像是亮起来的。此时是与客户沟通处理中差评问题的最佳时机。另外，对于频繁用电话催促客户修改中差评的骚扰性沟通是强烈不建议的。

（5）准确判断沟通结果：为了提高效率，客服应该在与客户沟通过程中准确做出结果判断，如果不行，就应当尽快礼貌地结束电话，保留出更多的时间精力处理其他中差评。除了沟通技巧，向客户承诺一定的补偿也是必要的，给客户补偿的方式有很多种，比如支付宝现金、优惠券、包邮优惠、小礼品等。

2. 职业差评师攻防策略 职业差评师就是专门给网店商家差评，用来敲诈钱财或产品补偿的网购一族。职业差评师的计谋很高，做得很专业，众多商家避犹不及。

下面我们就对职业差评师做一下介绍，帮助大家有效地规避职业差评师。

（1）差评师会选择的目标：①信誉较低，一般在3钻以下的店铺；②中差评较少甚至没有的店铺；③销售产品较便宜；④地方较远、运费较高。

（2）职业差评师的特点：①信誉低；②不计较价格；③对产品非常懂；④执意要某个快递；⑤很少使用购物聊天软件；⑥给非常不利的中评；⑦擅长挑细微的毛病。

（3）商家遇到差评师的处理办法：①尽量与他们商量；②提出补偿方案；③申请淘宝官方介入。

需要提醒大家的是，遭遇职业差评师最好不要低头，否则会引来更多差评师。网店商家只要积极主动提供解决方案，公正客观对待每位客户就不怕差评师找上门来。

二、处理中差评实操训练

在网店运营过程中,商家是非常看重客户的好评的,可客户在购物的途中,基于对商品质量、物流速度和客服的态度等方面的不满意,会给商家差评。开网店难免会遇上客户毫不留情的中差评,作为售后客服,要积极响应客户的中差评,找到客户具体不满的原因,然后针对性地使用不同的方式尽最大可能让客户修改中差评。

1. **认为是假货**   当你与客户沟通后,发现客户认为所购买的产品是假货,表示不修改差评,此时作为客服你应该怎么办?

步骤一:首先和客户沟通,了解具体情况,表示我们是真诚希望解决问题。如图7-1-1所示。

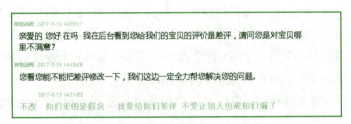

▲ 图7-1-1　首先和客户沟通

步骤二:当客户说出问题后,就需要把情况跟客户分析清楚。如听完以下这番话,大部分客户都会修改中差评或是删除评价,如图7-1-2所示。

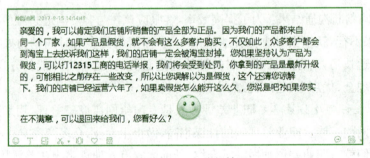

▲ 图7-1-2　分析情况

2. **对产品不满但不愿意承担退货运费**   如果客户因为不满意产品,但不想承担运费,所以直接给我们差评。那么,客服就需要说服客户退款退货,客户才有可能会删除差评。但有些客户想法是,还要自己承担运费,索性就不退了,也不修改或删除中差评。那么,这时候客服应该怎么做呢?

步骤一:说服客户退货时,首先应该让客户承担运费,可以这样和客户沟通,如图7-1-3所示。

步骤二:如果客户拒绝了退货承担运费的提议,那么你可以退让一点点去和客户沟通。

步骤三：如果客户执意不肯承担运费，商家可以让一步，承担全部运费，前提是让客户删除差评。

步骤四：如果客户要求先给邮费，可以让客户给我们截图，然后快速安排。

3. 担心拿不到退款　在客服工作中，如果遇到客户担心拿不到退款而拒绝删除差评的，客服应该怎么做呢？

步骤一：首先把实际情况和客户沟通清楚，并告诉他我们如果违背承诺会怎么样，先消除客户顾虑，如图7-1-4所示。

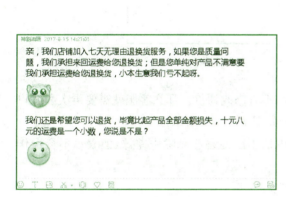

▲ 图7-1-3　说服客户退货时

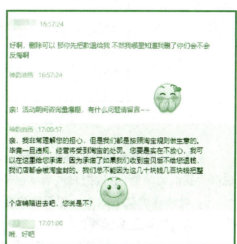

▲ 图7-1-4　消除疑虑

7-1-1
对产品不满不愿承担退货运费沟通

步骤二：此时，再接着指导客户具体怎么做可以对他有利，让客户彻底卸下防备，如图7-1-5所示。

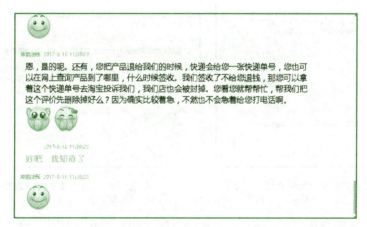

▲ 图7-1-5　让客户卸下防备

4. 嫌补偿金额少　如果遇到这种情况，客服就需要马上在旺旺上面或者用电话和客户取得联系，进行沟通协商并解决问题。

步骤一：首先当然是道歉，并把我们的诚意和难处说给客户听，如图7-1-6所示。

▲ 图7-1-6　给客户道歉

步骤二：如果客户表示补偿金额太少，不肯修改评价。那么客服就需要再次和客户说清楚我们的难处，尽量把真诚表示出来，如图7-1-7所示。

5. 对操作步骤不熟悉　如果客户在电话里已经答应删除中差评，但表示不会操作步骤。那么应该怎么做呢？

步骤一：首先是感谢客户的支持和配合。

步骤二：把删除评价的操作方法发给客户，如图7-1-8所示。

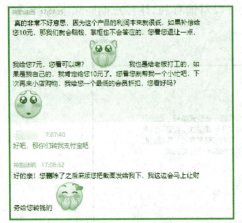

▲ 图7-1-7　表示真诚

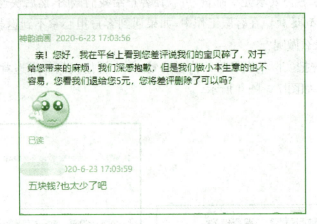

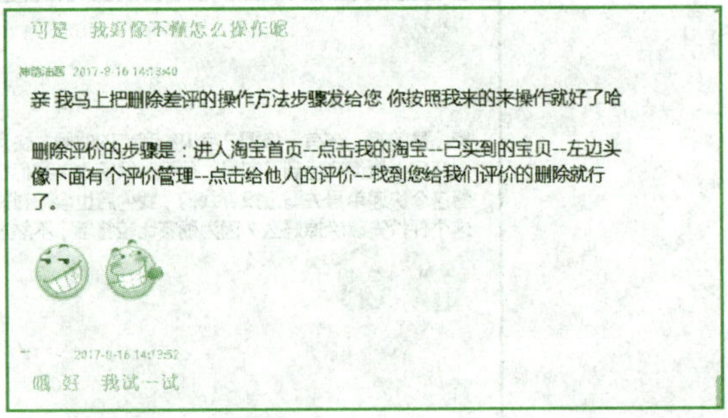

▲ 图7-1-8　操作方法发给客户

步骤三：实时跟进客户进度，表示"随时为您守候和服务"，如图7-1-9所示。

项目七 售后客服沟通技巧

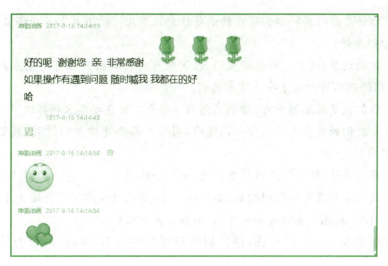

▲ 图 7-1-9 实时跟进客户进度

  任务评价

通过本任务的学习,请如表 7-1-1 所示的内容进行自检。

表 7-1-1 处理中差评沟通技巧操作评价表

序号	鉴定评分点	分值	评分
1	掌握中差评沟通技巧	40	
2	处理中差评实操训练	60	

  知识延伸

1. 中差评对店铺的 7 个影响。
2. 客户给中差评的 5 个原因。
3. 淘宝中差评处理秘籍。

以上知识延伸的内容,可扫描二维码进行学习。

7-1-2
知识延伸

能力拓展

不同客户给出中差评的原因各不相同,针对不同的中差评原因,应当采用不同方式进行处理。现在要求同学们根据以下的情景对话,分析出客户给出差评的原因,并说明如何与客户沟通,用什么方式处理客户已经给出的中差评。

情景对话:

卖家:在吗,亲亲?为什么要给我们的产品差评呢?

客户：你好意思问我？你们家卖的这是什么玩意儿？和图片上差距那么大，难道我不应该给你们差评？

卖家：抱歉哦亲，图片是经过修整的哦，实物可能会和图片上有一点差距是很正常的，但是我们的产品质量还是安全可靠的哦。

客户：你们就是欺骗消费者，你们不是假一赔十？现在要怎么样赔我。

卖家：亲我们的质量是没有任何问题的，店铺产品要是质量不过关，我们店铺也早就被投诉了您说是吧？

客户：那我不管，明明就是质量有问题，赔十倍给我。

卖家：我们质量没有任何问题的，赔十倍？亲，这边建议您可以去睡个午觉哦。

客户：呵呵，我这个差评我不会改的，准备被投诉吧！

(1) 根据卖家和客户的对话，请分析客户对哪些方面不满意以及为什么要给出差评？

(2) 如果你是店铺客服，你会如何和客户沟通并且会用什么方式处理这个问题呢？

(3) 对上述已经发生的事情，现在要如何去挽回客户、弥补损失呢？并且如何去改善客户对商家的看法呢？

任务二　处理投诉沟通技巧

 学习目标

1. 熟悉客服处理投诉沟通的技巧。
2. 掌握处理投诉的沟通处理流程。

 任务描述

　　店铺在运营的过程中,往往会发生客户对店铺的商品或者服务不满意,从而提出的异议、抗议和要求解决问题的行为。此时,客服人员要如何安抚客户情绪,提出解决方案显得尤为重要。现在要你通过和客户交流来了解客户投诉的原因,然后使用不同的沟通技巧来处理客户的投诉。

 任务分析

　　现如今,人们接受方便、快捷又实惠的网购,但在网购中收到商品后的样式、价格、质量等总有各种各样的问题,客户投诉就应运而生。网店客服对于客户的投诉应该都不陌生,很多时候辛辛苦苦地为客户服务,最后却换来一个投诉,而这些负面案例很多时候会影响店铺转化率,降低店铺的信誉。
　　通常客户投诉的问题集中在:发错货甚至不发货、商品质量出现问题及快递物流等情况,而客服人员在面对客户投诉时往往容易出现沟通不到位反而加剧客户不满情绪的情况。通过学习本任务,掌握面对客户投诉时如何有效与客户进行沟通的方法,既能挽回客户的心,还能提升店铺的口碑。

 任务准备

　　确保电脑设备及网络正常且稳定。

任务实施

一、处理客户投诉沟通技巧

客服的最主要工作就是和客户进行沟通,帮助客户解决实际问题,提升客户的满意度。在沟通中,客户投诉是一件很让人头痛的事情,因此要想成功地处理客户投诉,先要找到最合适的方式与客户进行交流。处理客户投诉的沟通技巧如下。

1. 第一时间联系客户 淘宝商家必须重视客户的投诉,投诉处理的好坏直接影响到店铺的信誉及销售。当发现客户投诉后,客服应当立即放下手头工作,第一时间联系客户,使客户有被重视的感觉,此时客户就有可能放下心中的偏见,愿意给商家一个解释的机会。如果收到客户投诉后,过了几天才联系客户处理,不论沟通结果如何客户都不会满意,而且,处理投诉的时间拖得越久,将事情处理好的代价越高。

2. 了解投诉原因是产品还是服务 找出客户投诉的真正原因是圆满解决客户投诉的关键所在。了解客户是因为质量问题投诉还是与期望值落差而产生了不满,或是对网店客服的服务态度有所抱怨。只有找到了客户投诉的确切原因,才好对症下药。客户投诉商家的5种原因如下。

(1) 违背承诺:违背承诺是指商家未按照承诺向客户提供服务,妨害客户服务满意权益的行为。

(2) 延迟发货:延迟发货是指除定制、预售及适用特定运送方式的产品外,商家在客户付款后明确表示缺货或实际未在72小时内发货,妨害客户高效购物权益的行为(买卖双方另有约定的除外)。

(3) 虚假发货:虚假发货是指商家在网上点击了发货,使得系统显示的交易状态变成"卖家已发货",而货物实际上没有发出的情况称之为虚假发货。

(4) 产品描述不符:描述不符是指客户收到的产品与达成交易时商家对产品的描述不相符,商家未对产品瑕疵、保质期、附带品等必须说明的信息进行披露妨害客户权益的行为。

(5) 恶意骚扰:恶意骚扰是指商家在交易中或交易后采取恶劣手段骚扰客户妨害客户服务满意权益的行为。

3. 耐心倾听客户抱怨 对客服来说,如果能耐心倾听客户的抱怨,就能发现自身存在的问题。而且,一个客户抱怨可以感染一群客户,客户的不满像广告宣传一样,严重影响了商家的声誉和产品的形象,使销售工作的深入与消费市场的拓展难以进行。耐心倾听客户抱怨有以下3个小技巧。

(1) 对客户的抱怨认真聆听并做好记录。

(2) 用缓慢的语速和缓和的声调来沟通。

(3) 尽量认同对方的看法。

4. 向客户致歉,平息客户愤怒 倾听客户的抱怨时,不管是什么原因,都需要适时向客户真诚道歉,缓解客户的情绪。当客户的愤怒平息后,就可以与之探讨切实可行的解决方案。需要注意的是,道歉时间应当尽可能延长,直到客户接受你的道歉时,事情就很容易处理了。

出现问题后,客户有情绪也是正常的,本应该得到重视和合理的解决。因此,在道歉时利用同理心更容易让客户接受,比如说:"先生,对不起,给您添麻烦了。我非常理解您此时的感受,再次向您表示真诚的歉意。"同时,商家还可以运用以下3种方法引导客户情绪,缓解客户愤怒。

(1)通过转移话题化解客户愤怒。

(2)通过"何时"引导客户解决问题。

(3)给出限制时间。

5. **切忌恼怒、与客户争辩**　在处理客户投诉时,可能会遇到一些蛮横不讲理的客户。他们抓住一个问题就会揪着不放,一些易怒的客服很有可能会被他们激怒,从而与客户争辩起来,最后闹得面红耳赤。如果你与客户为一个问题争辩起来,最后你赢了,取得了争执的胜利,可是你却永远地失去了这位客户;当你顺从客户的意思,不与他争执,你输掉的仅仅是这场争执,但赢得了这个客户。面对客户的责难,最好的方法就是顺从,千万不能与他们进行正面冲突。

6. **提供多元化补偿措施**　有些客户投诉可能只是为了一个合理的解释以及一个道歉,但如果可以给客户一点补偿,让客户得到额外的收获,他们会感受到店铺的诚意,从而撤销投诉,还有可能会成为你的忠实客户。

对于给客户的补偿,每个店铺都有自己的规定。一些商家会给客服一定权限,以便灵活处理此类问题。客服在向客户提供补偿时应当注意为客户提供多元化选择,可以让客户感到受尊重,同时,客户选择接受的补偿措施在实施的时候也会得到客户更多的认可和配合。

需要提醒商家的是,处理完客户投诉后,一定要改进工作,以避免今后发生类似的问题。一些商家一旦受到投诉,首先想到的就是通过给客户补偿息事宁人,或者只有受到投诉才会给客户应得的利益,这样的商家并没有从根本上处理好客户的投诉,最终会失去更多的客户。

二、处理客户投诉沟通处理实操

沟通是人们分享信息、思想和情感的过程,是解决客户投诉的金科玉律。无论是哪种行业,他们在处理客户投诉的过程中都离不开与客户的沟通。网店客服通过与投诉客户保持有效的沟通,是与客户建立良好人际关系的非常重要的一个方面。

客户投诉可以分为一般投诉和维权投诉,面对不同情况的投诉,客服人员应该与客户进行有效的沟通,以便于安抚客户情绪,赢得客户的信任。

1. 一般客户投诉沟通处理实操

步骤一:当客户发来投诉的时候,先要和客户道歉,安抚客户的情绪,并询问客户问题,把事情了解清楚,方便为客户解决问题。

例如,客户还未收到货,但是后台已经收到客户的退款申请,那么客服就要第一时间通过旺旺给客户发信息,给客户道歉并了解清楚原由,如图7-2-1所示。

7-2-1
一般投诉沟通
处理实操

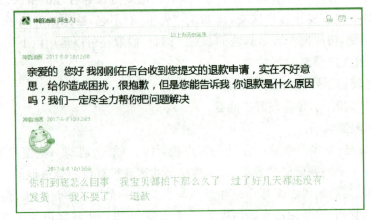

▲ 图7-2-1 致歉、了解原因

步骤二:了解了客户投诉的原因之后,第一时间查清楚,并和客户协商解决的方案,等待客户的反应。

步骤三:如果客户接受我们提出的解决方案,当然是最好的。但如果客户不接受,那就需要先根据客户的回答来分析客户的心理,然后再次提出新的解决方案。

例如,当事情已经了解清楚,客户的情绪也已经安抚好,现在客户只是有点怕麻烦,不想再去操作,对客服或者产品不会有不满,那么这个时候,就可以给客户一点小礼品或者小恩惠,一般客户都会愿意去做的。

步骤四:如果客户答应了,就要再次感谢客户,并告知我们已经在解决他的问题。

2. 发起维权投诉沟通处理实操 发起维权投诉是指买家提交申诉之后,在规定的时间内店铺未处理,或店铺客服审核买家提交的申请,所了解到的情况不符合申请的规则,故拒绝了买家的申请。那么买家便可以申请淘宝官方客服介入处理。当然,此类投诉,刚开始也是通过与买家先沟通订单情况,然后再决定解决方案的。因此,前面的沟通流程与一般投诉处理流程是类似的。

步骤一:当客户发来投诉时,先要和客户道歉,安抚客户的情绪,并询问客户问题,把事情了解清楚,方便为客户解决问题。

例如,后台收到客户的以假冒品牌为由的退款申请,那么客服就要第一时间通过千牛或者电话给客户发信息,给客户道歉并了解清楚事情原委,如图7-2-2所示。

步骤二:了解事情的原由之后,还要给客户道歉,缓和气氛,并与客户解释清楚事情的原由以及和客户协商解决的方案。

步骤三:若客户不接受我们提供的方案,可以再给客户道歉并更换一种解决方案,

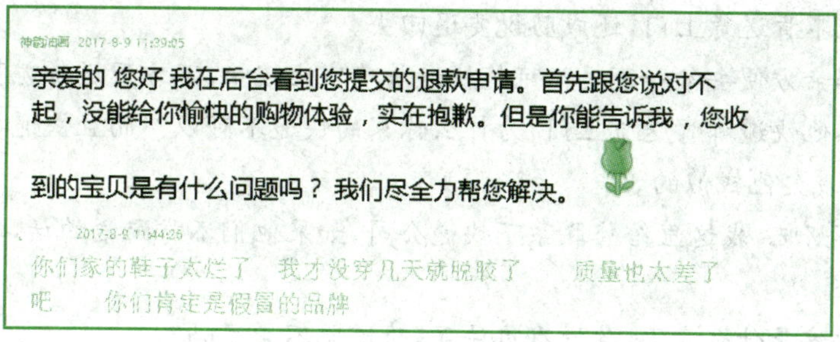

项目七 售后客服沟通技巧

▲ 图 7-2-2 安抚道歉

7-2-2
维权投诉沟通
处理实操

并把事情的情况再次和客户说明清楚。

步骤四：若客户仍然不接受我们的解决方案，就向客户表示我们的真诚，并跟客户再约时间沟通。

步骤五：若客户依旧不冷静，可能会申请小二介入，如果真的不是店铺的问题，就让买家去申请，并跟客户表示"我们随时等候帮他解决问题"，淘宝会公平处理。

 任务评价

通过本任务的学习，请按表 7-2-1 检查掌握的所学内容。

表 7-2-1 处理投诉沟通操作评价表

序号	鉴定评分点	分值	评分
1	熟悉处理客户投诉的沟通技巧	40	
2	能独立处理客户不同问题的投诉，安抚客户并提出合理的解决方案	60	

知识延伸

1. 5 个处理顾客投诉的方法。
2. 7 大技巧有效处理客户投诉和抱怨。

以上知识延伸的内容，可扫描二维码进行学习。

7-2-3
知识延伸

能力拓展

不同客户投诉的目的不同，针对不同的投诉原因，应采用不同的处理方式。现要求同学们根据以下的情景对话，分析出客户存在的不满，并提出完善措施。

情景对话：

客户：你们选的是什么破快递公司啊？那态度也太差了吧！

卖家：您好，请问快递员有什么服务不周的地方吗？

7-13

客户：他不肯送货上门，还威胁说要退回去。

卖家：那亲方便去拿一下吗？可能快递员确实比较忙，不方便送货呢？

客户：其他快递都肯送货上门，为什么你家的快递不可以？而且快递员的服务态度那么差，好像我欠他钱似的。

卖家：那好吧，我这里给您联系下快递公司，如果他们不肯配送的话，我也没有办法了哦。

客户：你这是什么意思，你没有办法了，难道就不管了吗？

卖家：您那么不好说话，自己拿一下都不肯。

客户：你你你，你这么说的话，这责任还推到我身上了，真是气死我了，我要给你差评。

(1) 根据客服和客户的对话，请说说客户对哪些方面不满意。

(2) 假如你是客服，你会如何接待这位客户？

(3) 针对客户已经给了差评的情况，如何才能挽回客户的心、弥补损失呢？

模块三

网店客服沟通技巧

项目八 客服话术模拟训练

网店中通过网络为顾客解答问题及提供服务的叫作客服。在一家网店中,客服扮演着关键的角色,为顾客提供服务资讯、收集用户意见和反馈、对用户进行售前消费引导和售后服务支撑等工作。在日常的繁琐工作中,使用合理的话术是提高工作效率和转化率的一个重要方法。

本项目将通过售前、售中和售后情景设置来模拟日常客服话术训练。

任务一　售前客服话术模拟训练

学习目标

1. 掌握客服开场白话术。
2. 掌握客服介绍产品的话术。
3. 掌握客服消除顾客疑虑的话术。
4. 掌握如何应对顾客讲价的话术。

任务描述

网店店铺中,一般客服分为3种,分别是售前、售中、售后客服。售前客服是每一家网店都具备的岗位,售前客服就是负责解答顾客在购物过程中遇到的问题及产生的疑惑,促使这名顾客在网店中下单,提高转化率。具体工作内容可分为:如何接待前来咨询的消费者;如何给消费者推荐适合的产品;如何帮助消费者解答购买中遇到的问题;如何应对消费者的讲价等。本任务将通过案例学习售前客服的话术并进一步掌握。

任务分析

客服作为电商行业基层的工作人员,肩负着店铺的成交率、客单价、好评等诸多方面提升的责任,很多店家在如何提高客服的转化率的问题上常常心存困扰。客服分为售前、售中、售后3种,在这3类客服中,提高转化率最重要的就是售前客服。其中话术就是客服工作语言规范性的最佳总结,对售前客服工作者来说很重要。

任务准备

确保网络正常且稳定。

任务实施

一、客户沟通开场白话术训练

情景设置

小好在客服的岗位上有一段时间了,在这段时间里,小好和客户的沟通技巧也变得也来越娴熟了。面对不同类型的客户,小好可以灵活地运用不同的开场白和客户进行对话,与此同时,好几个客户同时给小好发来了消息。

对话1

顾客:你好,我刚才看了下,你们店里这款鼻可乐洗鼻器,怎么要比其他家的贵这么多呀?

客服小好:您好,亲,您说的这款洗鼻器我们确实比其他店铺贵一点哈,但是我们贵也是有贵的道理的呀,它的制作比较精细,细节方面也到位,您可以看一下。亲,您挑选宝贝的话,不着急的哈,可以货比三家,这样子才会了解自己真正想要的宝贝,您可以对比其他家的看看,如果您觉得他们的会比较便宜,就在他们那里买,如果觉得我们比较好,我们非常欢迎您的光临呀。

对话2

顾客:您好?

客服小好:哈喽,亲,我说怎么今天天气变得如此阳光明媚,原来是您光临呀,不知道小好有什么能为您效劳的呢。

顾客:哈哈,我今天还是想买点珍珠粉自己用,我看了一下不知道选哪款你帮我推荐一下。

客服小好:亲亲,您的想法很好啊,珍珠粉不仅可以内服还可以外用,既可以美白又可以去斑,对身体很有好处的。我给你推荐这一款,量不是很大,只有20小瓶,1小瓶0.3 g,携带又方便,价格又实惠。您可以买回去先试用一下。

顾客:行,听你的,就这一款吧。

- **方法技巧**

通过以上情景,我们可以分析得出小好运用的客户开场白。

1. **以退为进** 顾客一来店里就询问店里的鼻可乐鼻洗器怎么比别人家的贵,小好以此判断该客户是对比过多家店铺的,因此通过逢人就赶的方式,以退为进,与客户建立沟通和信任感。

2. **幽默风趣** 通过该对话,可以判断这名顾客为老客户,对待老客户,我们可以通过幽默风趣的开场白,让客户更轻松。同时在聊天过程中记住一些细节,通过细节做服务。保持细水长流的精神,不要为了一点小利润就推荐很贵的产品,坏了口碑。

二、介绍产品话术训练

情景设置

小好经常通过观察客户的购物车订单判断客户的喜好和兴趣点,然后有针对性地推荐和介绍产品。刚刚她在一名顾客的购物车里看到了菊花茶,由此推断客户爱喝花茶,所以马上按照客户的喜好和兴趣点推荐了一款花茶。

对话

客服小好:亲,我刚才在您的购物车看到您选了菊花茶,您平常是比较喜欢喝花茶吗?

顾客:是啊,喝了几十年的花茶了,就这点喜好,哈哈。

客服小好:是的呀,亲。喝茶是个好习惯呢,对身体还好。我看您选的这款菊花茶在花茶当中是属于比较淡的,您是比较喜欢清淡一点的口味吗?

顾客:也不一定,花茶我都喜欢,只不过菊花茶喝的比较多,所以就懒得挑了,你有什么好的推荐吗?

客服小好:亲,你选的这款菊花茶口味是很不错的呀,味道甘甜,而且还没胎菊味道那么重。不过小好这边也推荐您一款我们店里的金银花茶,味道甘甜、清热解毒、疏利咽喉,茶形状观赏性还强,香味很浓郁,很适合您。

顾客:那我了解看看,可是我一次性买那么多也喝不完呀。

客服小好:这个您不用担心哦,亲,我们一罐是 50 g 装,量不是特别大,喝个几次就差不多了,如果您觉得好喝的话下次可以多买一点,而且,现在购买一罐也可以给您包邮哦。

顾客:这样,那行,那我买一罐试试看,哈哈

客服小好:亲,谢谢您相信我的推荐,我们的花茶一定不会让您失望的,好喝的话下次再来呀。

顾客:好的。

• **方法技巧**

通过以上情景,我们可以分析得出以下小薇运用的客户介绍产品的方法技巧。

1. 通过顾客的购物车了解顾客感兴趣的宝贝,小好通过顾客购物车了解到顾客喜欢花茶,从而展开对话。

2. 要学会站在客户角度,当客户提出茶有可能喝不完的时候,应当为客户提出一个完善解决的办法或答复,让客户放心。

3. 当解决好客户问题后,应当进一步向客户阐述购买宝贝的好处,比如量不大、购

买就可以免邮。

4. 根据客户的喜好，推荐关联产品，在满足客户商品需求的同时，增加销售量。

三、消除顾客疑虑话术训练

情景设置

客服小好在淘宝店铺上架新产品，这时客户发来1条消息：你们这个冬虫夏草质量怎么样？怎么这么便宜？小好对这个客户提出的疑问进行了回答。

对话

顾客：您好，在吗？

客服小好：在的，亲。有什么可以帮助您？

顾客：你们这个冬虫夏草为什么这么便宜？质量是否有问题？

客服小好：是这样的，因为这一款冬虫夏草是促销装的，在分量上会少一点，是1g装的，在质量上您可以放心，一定是过关的。还有一个原因是我们是直接和原产地的商家拿的货，省去了不少的中间商，所以在价格上会比别家的便宜。但是虫草的质量是没有问题的，我们的虫草是层层把关的，都是经过国家质检的，所以请您放心购买！

顾客：ok。那你这款虫草是怎么样的，该不会买回来是断的吧？

客服小好：亲，关于这个问题，我需要向您说明，我们这款虫草是1g装的，里面大约有4～5根，都是没有断的，这个您放心！

顾客：嗯，我明白了。那你们这个虫草的产地都是哪里的呢？

客服小好：我们这边的虫草产地都是在西藏哦～

顾客：请问产品是否有包退换？

客服小好：可以的，亲，我们有7天无理由退换货的服务，您收货后，如果发现虫草断裂或者影响使用，拍照后发给我们，我们会给您处理的；或是您想要退货，要保持外包装和内包装完好无拆开痕迹，联系我们就可以帮您退货。退换货邮费都是由我们来负责的。

顾客：好的，我都清楚了，我现在去下单。

客服小好：好的，亲，欢迎您下次再光临。

• **方法技巧**

1. 产品质量是客户最关心的问题，针对客户的疑虑，我们给客户做出解答，把情况和客户分析清楚。在回答客户疑虑时应该有底气，让顾客放心购买。

2. 关于退换货的一些问题,淘宝客服需要向客户解释清楚。一般需要说清楚以下两点:①退换货的前提;②解释运费问题。

四、应对顾客讲价的话术训练

情景设置

小好在客服的岗位上经常遇到一些讨价还价的客户,通过和这类顾客的交流,小好也总结了一系列的方法来应对这类客户。

对话

顾客:你好,我刚在你们店里逛了逛,觉得这款助听器还不错,可是价钱也太高了吧,怎么要 800 多元,那么贵。

客服小好:您好!亲,这款助听器不算贵啦,您可以对比下××牌子的助听器,都是一样材质,效果、功能也差不多,可是他们定价都要 1 600 多。所以我们这个款助听器 800 多真的不算贵啦,亲~

顾客:这样的话,我再考虑考虑。

客服小好:亲,您可以看一下,这一款助听器是有三个版本的,您可以根据耳朵听力程度购买不同的版本,价格也是不一样的。而且我们还有专门的 VIP 团队来为您服务,让您对产品更快上手,减少不必要的中间环节,一直往店里跑!

顾客:嗯嗯。

客服小好:还有啊,这款助听器的设计也是非常好。小巧的设计,就相当于个蓝牙耳机的大小,戴在耳朵上没有负担,操作也很方便,简单易懂。这款助听器的设计也是经过很多测试以后做出的,可以很好地保护您的听力,亲~

顾客:行,那我就买这款了。

客服小好:好的呢,亲,感谢您的选择呀,我们的这款助听器一定不会让您失望的~

• **方法技巧**

通过以上情景,我们可以分析得出小好应对讲价的方法有以下 3 种。

1. 通过与同类高价产品做对比,是顾客认为他觉得贵的这件产品性价比高。
2. 通过服务,将顾客投资的钱换算成相对应可以获得的服务,体现产品的优势。
3. 通过得失法强调助听器的价格虽然高,但是它的附加价值高,以满足顾客的要求。

任务评价

通过本任务的学习,请按表 8-1-1 检查掌握的所学内容。

项目八 客服话术模拟训练

表 8-1-1 售前客服话术模拟训练评分表

序号	鉴定评分点	分值	评分
1	掌握客服开场白话术	25	
2	掌握客服介绍产品的话术	25	
3	掌握客服消除顾客疑虑的话术	25	
4	掌握如何应对顾客讲价的话术	25	

 知识延伸

1. 优秀客服的沟通小技巧。
2. 客服售前沟通 7 个步骤。
3. 售前客服沟通技巧。

以上知识延伸的内容,可扫描二维码图标进行学习。

8-1-1
知识延伸

 能力拓展

为了更好地应对客户的问题,请同学们根据以下情景选择一个对话进行练习。

情景设置

客服小好刚刚接到了一条客户询问,顾客认为价格太贵了,看能否便宜一点,于是小好根据这名客户的需求回复了消息,应对客户讲价。

对话

顾客:你们这款枸杞也太贵了吧,能不能便宜点?

客服:亲,这款已经是我们的最低价啦,不能再低啦,这款九洲天润枸杞子,无论是原材料还是工艺都是上佳的,而且分量还是 500 g 装的,结合下来真的不算贵啦,亲~

顾客:哦哦,那好吧,那我就买一件吧。

客服:好的,谢谢亲的认可呢~

对话

顾客:你好,你们这个珍珠粉真的不错啊,但是有点贵哦,能不能便宜些呢?

8-7

客服：亲，您应该也知道，一分钱一分货，这款珍珠粉的原材料和做工都是最好的，同时也是采取的浙江优质珍珠做成的，所以这个价格真的不算贵的啦。

顾客：这样啊，那我再考虑下。

客服：而且这样的珍珠粉很适合您这样的女生。

顾客：为什么这样说？

客服：因为通常挑选这款珍珠粉的女生眼光都蛮好的，通常她们购买过后都会来给好评，因为美白效果很好，我相信您也是的！

顾客：好吧，冲你这么会说话，我就买了。

客服：感谢亲的选择呀。

任务二 售中客服话术模拟训练

1. 掌握顾客修改地址的话术。
2. 掌握店铺订单追回的话术。
3. 掌握异常物流问题处理的话术。
4. 掌握电话沟通的话术。

售中客服是指在产品销售过程中为顾客提供的服务。如热情地为顾客介绍、展示产品、详细说明产品使用方法,刺激客户成交,解答顾客提出的问题等。售中客服与顾客的实际购买行动相伴随,是促进商品成交的核心环节。本任务将通过案例学习售中客服的话术并进一步掌握。

售中客服是指在用户购买商品订单付款和客户签收前的客服人员,这个阶段的客服服务目标就是为客户提供性价比最优的销售解决方案,解决客户的烦恼。优秀的电商客服为客户提供了享受感,从而增加了客户的购买决策,融洽而自然的销售服务还可以有效地消除店铺客服之间的隔阂。客服的服务质量是决定客户是否购买的重要因素,因此对于售中服务来说,服务质量尤为重要。

确保网络正常且稳定。

网店客户服务与管理

 任务实施

一、顾客修改地址话术训练

情景设置

这天客服小好刚上班的时候就收到了一位顾客发来的信息,他的订单地址填错了。于是小好就帮他解决了这个问题。

对话

顾客:在吗?

客服小好:亲,在的,很高兴为您服务,请问有什么可以帮您的?

顾客:嗯,我刚才下单付钱之后发现我的地址填错了,可以帮我改一下吗?

客服小好:亲,可以的,您稍等我帮您看一下。

顾客:嗯。

客服小好:亲,这边看到您的地址填的是福建省厦门市×××,王一收,请问是这个地址错了吗?

顾客:对的,我要换个地址。

客服小好:好的,仓库还没发货,您这边直接把新的地址发给我就好了。

顾客:好。王二,151××××7811,福建省湖里区金山街道×××。

客服小好:好的,我这边跟您确认一下,收货人:王二,电话:151××××7811,收货地址:福建省湖里区金山街道×××。

顾客:对的。

客服小好:好了,已经帮您更改了收货地址,请问您还有什么其他问题吗?

顾客:没有了谢谢。

客服小好:不客气,有什么问题您可以随时找我,祝您生活愉快。

• **方法技巧**

1. 首先要有良好亲切的态度,先询问顾客遇到的问题,再根据问题给予顾客答复。

2. 遇到地址错误的问题,要先和顾客核对原地址,确认顾客填错后再来询问顾客新的地址。

3. 当顾客给了正确的地址后,要再次跟他确认地址,以防地址出错。

二、订单追回话术训练

情景设置

客服小好收到仓库信息,有一个顾客的包裹里面东西装错了,让她赶紧联系顾客追回。小好马上就联系了顾客。

对话

客服小好:亲您好,很抱歉,刚才仓库那边跟我说您包裹里面的商品装错了,可能要麻烦您帮我们寄回来一下。

顾客:什么?那我的东西岂不是还拿不到?

客服小好:亲,非常抱歉,这是我们工作的失误。您看这样可以么,您收到快递直接帮我们寄回来,邮费由我们这边负责。然后我安排仓库马上给您再发一件货您看可以?

顾客:那好吧,可是我这里急用啊。

客服小好:亲,不好意思,我安排给您发顺丰,最快的速度给您送过去可以么?

顾客:行吧行吧,那等到了我给你们寄过去。

客服小好:非常感谢您,给您造成困扰很抱歉,我这边给您送一张50元的无门槛券,您下次购买可以用。

顾客:好。

客服小好:再次感谢您,祝您生活愉快。

- **方法技巧**

1. 店家方面出的问题,在和顾客沟通的时候,一定要先道歉说明问题。
2. 问题解决后给予顾客一些优惠,当作补偿。
3. 在和顾客交流的过程,一定要让他感受到我们的歉意,并第一时间告诉他,马上给他重新发一份快递。

三、异常物流问题处理话术训练

情景设置

客服小好前几天在淘宝店铺卖出去一些产品,其中一个客户还没收到货物,现在这位顾客发来消息询问,小好开始和他沟通。

对话

  顾客：您好！在吗？

  客服小好：在的，亲，有什么能帮助您？

  顾客：我5月30号买的货物怎么还没到？现在已经过去3天了。

  客服小好：亲，您先别着急，我先和你核对下收货地址，您的收货地址是×××对吗？

  顾客：嗯，对的。

  客服小好：亲，不好意思，由于您的收货地址相对较偏远，所以预计要4～5天才能收到。

  顾客：啊，这么慢呀。

  客服小好：您稍等一下，我帮您问一下物流，让他们尽量快一点。

  顾客：好的，谢谢！

  客服小好：亲，不好意思，由于物流运送过程中出现交通事故，所以可能不能按时到达，对此深感抱歉，我们一定让物流公司尽快送货到您手上。

  顾客：算了，没事。

  客服小好：谢谢您的体谅，等货物到了，我们会第一时间通知您的。

  顾客：好的。

  客服小好：谢谢您的理解！

● 方法技巧

  1. 当客户抱怨物流慢的时候，首先要表示我们的歉意，态度一定要友好，耐心帮他解决问题。我们可以帮他们查看下物流出了什么问题，再反馈给他。我们要让客人感受到我们热情的服务。

  2. 当发生物流问题时，我们千万不要和顾客顶嘴，本来顾客由于没收到货物就很生气了。所以我们一定要耐心和顾客说明情况，表示一定会尽快把货物送到顾客手里，避免出现矛盾升级。

四、电话沟通话术训练

情景设置

  客服小好发现店铺有个订单过了一两个小时还没付款，他决定给顾客打个电话询问一下情况，并进行催付。

项目八 客服话术模拟训练

对话

客服小好：您好！我是好药师大药房的客服小好。您这边是顾客××？

顾客：您好！是的。请问有什么事？

客服小好：是这样的，您在我们店拍的宝贝还没有完成付款呢，这个宝贝很热销的，容易断货，不知道您这边是什么原因没有付款，有什么需要我帮助的吗？

顾客：我还没考虑好是否要购买。

客服小好：亲，您这边有什么疑虑？

顾客：是这样的，我怕物流时间来不及送到。

客服小好：亲，这点你不用担心，我们用的是顺丰快递，物流速度很快的，我看您这边地址是在市区。您现在下单的话，我立马去发货。预计后天下午就能到您手上。

顾客：真的这么快？

客服小好：是的，如果物流没有发生特殊情况，正常都是能送到的。在我们店里购买的顾客给我们物流的评价都是五颗星，您可以去看下评价。

顾客：那好，我现在去下单，你马上给我安排发货。

客服小好：好的，亲。地址记得核对清楚。

顾客：好的，没问题。

客服小好：谢谢您的信任，祝您生活愉快！再见！

顾客：再见。

• 方法技巧

1. 打电话一定要记得运用礼貌用语，要有亲和力。另外，在催单过程中，一定要让顾客感觉你在为他着想，而不是感觉你一直在赶着他下单。

2. 客人在有顾虑时，首先要先挖掘他的需求和痛点，询问是什么原因不付款，如果在能力之内，就可以帮他解决这个问题。只要你解决客人当下疑虑，就能快速说服客人付款了。

3. 客服在与客户沟通的过程中，需要将与客户沟通的主要内容记录下来。如表 8-2-1 所示。

表 8-2-1 电话沟通记录信息

记录项目	内容
客户姓名	顾客
旺旺	执子之手
产品型号	CH09882
遇到的问题	客户因物流问题在提交订单后犹豫未付款

网店客户服务与管理

(续表)

记录项目	内容
问题的解决方案	给客人寄顺丰物流,并告知可两天时间到达
问题的解决结果	客户问题解决,宝贝已拍下并付款

任务评价

通过本任务的学习,请按表8-2-2检查掌握的所学内容。

表8-2-2　售中客服话术模拟训练评分表

序号	鉴定评分点	分值	评分
1	掌握应对顾客修改地址的话术	25	
2	掌握订单追回的话术	25	
3	掌握异常物流处理的话术	25	
4	掌握电话沟通的话术	25	

知识延伸

售中客服工作内容。可扫描二维码进行学习。

8-2-1 知识延伸

能力拓展

为了更好地应对顾客的问题,请同学们根据以下两个情景登录千牛软件进行对话训练。2人一组,1人为顾客,1人为网店客服。

情景设置 1

客服小好在查看物流情况的时候,发现有一个货物没发出去,这时刚好那位顾客发了消息过来,小好心里大致猜到了。小好热情询问顾客需要什么帮助,并开始给他解决问题。

对话

顾客:你好,在吗?
客服小好:在的,亲,有什么可以帮助到您?
顾客:我买的东西到现在还没有发货,是怎么回事?

8-14

项目八　客服话术模拟训练

　　客服小好：亲,实在不好意思,我去查一下是什么情况,稍后马上回复您。

　　顾客：好的,麻烦快点。

　　客服小好：亲,我刚刚查了一下,因为我们这款卖得太火爆,新的一批产品工厂正在赶制。实在不好意思,让您等了这么长时间。我们这边返30元给您作为补偿,您这边再静候几天,产品一出来我们马上给您安排发货,您看可以吗?

　　顾客：好吧,那你们要尽快给我发货哈。

　　客服小好：好的,您放心,谢谢您的理解。

情景设置 2

　　客服小好在整理顾客信息时,突然收到一条旺旺消息,打开发现是前几天来店里买东西的一位顾客。他跟小好说他收到的宝贝是坏的,于是小好开始询问具体情况。

对话

　　顾客：你好,在吗?

　　客服小好：亲,在的,有什么能帮助您?

　　顾客：我这边收到的货是坏的,你们那边怎么寄个坏的东西给我?

　　客服小好：亲,实在不好意思,没能让您收到满意的宝贝,我去问下仓库那边是怎么回事,一会再答复您。

　　顾客：好的。

　　客服小好：亲,实在不好意思,我们仓库发货前没有检查好货物的完整情况,给您造成困扰深感抱歉。您这边把坏的产品寄回给我,我把新的重新发一个给您,邮费您暂时先出,到时我这边退回给您,您看这样行吗?

　　顾客：好,你到时寄出来时候看一下东西完整性。

　　客服小好：好的,亲,我们在发货之前一定检查好再发给您,您这边也要先检查再签收,若商品是损坏的,可以拒绝签收哈。

　　顾客：好的,没问题。

任务三 售后客服话术模拟训练

学习目标

1. 掌握处理中差评的话术。
2. 掌握处理退换货的话术。
3. 掌握顾客投诉的话术。

任务描述

网上购物遇到售后问题的话,我们首先要做的肯定是联系商家,然后协商处理问题,这时候售后客服的重要性就体现出来了。一个网店客服要做的不仅仅是可以接待更多的用户,更重要的是可以接待服务好客户,让客户感受到重视,顺利解决问题,吸引客户再次回来购买产品。本任务将通过案例学习售后客服的话术并进一步掌握。

任务分析

完美的销售始于售后,这句话在做电商的人群中众所周知,但是想要做好售后并不容易。这就意味着你在店铺有利润后需要花费更多的时间、金钱、人力去做售后。但是做好售后,不仅店铺评价会变好,还能为我们带来更多的回头客,这就是售后客服可以给店铺带来的收益。这个过程是漫长的,短时间内收益可能不高,但就长期来看,给店铺带来的收益是很客观的。

任务准备

确保网络正常且稳定。

任务实施

一、处理中差评话术训练

情景设置

客服小好看到在淘宝店铺后台新增了一个差评,为了不影响店铺经营,小好想要说服这位顾客改掉差评,于是他开始和这位顾客沟通。

对话

客服小好：亲,在吗?

顾客：嗯?

客服小好：是这样的,顾客,您上周在我们店里买了个轮椅,您还记得吗?

顾客：嗯,我记得。

客服小好：因为我在后台看到您给我们轮椅评了个差评,请问您是对我们宝贝哪里不满意呢?

顾客：你们产品做工不太好,淘宝照片上的轮椅跟我实际拿到的不一样,用的材质也不一样。

客服小好：您看您这边能不能帮我们修改下差评,我这边一定尽全力解决您的问题。

顾客：不改,你们卖的是劣质品,我要提醒别人不让他们也买。

客服小好：亲,我们卖的产品都是好的,我们店铺经营8年多了,各项产品的销量都很好。因为我们卖的产品质量很好,也有很多老顾客。如果我们卖的劣质品,怎么会有这么多人买呢?否则早就被工商管理局查封了。如果您坚持觉得我们产品是劣质的,您可以打12315电话去工商局投诉,我们愿意接受检查。这次可能是因为我们工人发错货了,因为我们有一批产品上个月生产的时候出了差错,原材料用错了,两种轮椅材质差别并不大,价格也是一样。那一批产品已经被我们销毁了。您这个可能是工人疏忽发错货了,中间有些误会,让您误以为是劣质品。

顾客：误会?你们一个老店怎么会出这种差错,就算差别不大可是也不一样啊。

客服小好：如果您对我们产品实在不满意,您帮我们把差评删了,把货退给我们,我把钱退给您,可以吗?

顾客：不好,我感觉我亏了。

客服小好：您看,要不然这样吧,我们这边退30元给您,并给您一张50元的优惠券您下次可以使用,您这边给我们改下差评。

顾客：可以吧,既然价格一样,材质差别又不大,轮椅我就不退了。你退30元给我,还有优惠券,我给你改下差评。

客服小好：好的,亲,您把支付宝账号给我下。

顾客：×××。

客服小好：已经给您退了。

顾客：好的,我已经改了。

客服小好：没能让您买到满意的产品,我深感抱歉。我们以后一定会做得更好,期待您下次光临,祝您生活愉快。

• 方法技巧

1. 当你与客户沟通后，发现客户认为所购买的产品是假货或者质量有问题，表示不修改差评，首先和客户沟通，了解问题的具体情况，并表示我们是真诚希望解决问题。其次客户说出问题之后，就需要把情况和客户给分析清楚，表明我们产品质量是没有问题，我们可以接受客户的投诉。

2. 给顾客退点钱或者给个优惠券作为补偿，让客人觉得自己没有亏损，心理上得到一点安慰，这样顾客就不会为难我们了，再让客户修改评价就很容易了。

二、处理退换货话术训练

情景设置

客服小好在吃饭时候，电脑窗口突然弹出一条消息，打开一看，客人说想要退货，于是小好就开始指导顾客退货流程。

对话

顾客：你好，我想退货。

客服小好：您好，亲，您为什么要退货呢？

顾客：嗯，我昨天试用了一下，感觉效果没有想象中的好，所以我不想要了。

客服小好：亲，不好意思，宝贝没有能达到您的要求，您看您这边是要退货还是换一款呢？

顾客：这种款式和材质我都不是很喜欢，我想退货。

客服小好：好的，可以退货。

客服小好：我们这边的退货流程是：①麻烦退款申请选择：退货退款。②理由选择：其他/不喜欢。③麻烦在纸条上写下内容：我们店铺名称；订单编号，旺旺名；具体退货原因。请您按照全包原装退回，拒收到付件。我们地址：×××，收件人：×先生；电话：×××。谢谢您的配合。

顾客：怎么这么麻烦？

客服小好：我们也是按淘宝流程走，这样退货不会把货物弄错，请您谅解。

顾客：好的。

顾客：那邮费应该是你们出吧？

客服小好：亲，邮费不是我们出的哦，因为您这边货物并没有损坏，不是因为质量问题退货的，所以运费是买家出的，这也是淘宝的规则，希望您能理解，我们是做小本生意，利润本身就不高。

顾客：好的吧。

客服小好：非常感谢您，到时希望您辛苦一些把货物给我们寄过来。

- **方法技巧**

现在很多淘宝商家都加入了 7 天无理由退换货服务,有买家因为个人原因退货,也有因为商家产品质量问题或者描述不符等原因退货。在这里,可先给买家提出换货的建议。若买家坚持退货,那么让客户按照"七天无理由退换货"退货流程进行办理,并强调运费的承当情况。

另外:当客户反映产品有问题或者不喜欢,想要退货时,需要与客户进行旺旺沟通,然后将旺旺沟通信息记录保存或者截图,方便后期取证。

三、处理投诉话术训练

情景设置

客服小好收到了一条顾客发来的投诉信息,投诉他们卖假货,于是小好立马打电话给顾客,希望了解清楚情况,让客户撤销投诉。

对话

客服小好:您好,我是天猫旗舰店的小好,请问是××先生吗?

顾客:是的,请问有什么事?

客服小好:因为您刚刚投诉我们店的产品,我想请问一下是什么原因?

顾客:一说我就来气,我在你们店买的听诊器没用几天就坏了。

客服小好:亲,实在对不起,给您造成的困扰,我很抱歉。不过您放心,我们的产品不是假冒的,肯定是正品,我们有品牌证书的。这听诊器您已经用了 7 天了,所以不能退了。您看这样吧,您把听诊器拿到我们实体店去看下,到底是什么原因坏了。您所在城市有很多我们实体的分店。

顾客:你们质量实在不敢恭维,还不让我退款,我不想去。

客服小好:很抱歉,您这个已经过了退换货的时间,您看这样吧,我这边给您返现 50 元作为补偿,您看可以吗?

顾客:可以,但是你们要把我听诊器修好,否则我是不会撤销投诉的。

客服小好:亲,好的,一定帮您修好。那我先联系实体店的工作人员,到时免费给您维修。

顾客:好吧。

客服小好:谢谢您!您下次光临我们店,会给您最大优惠。祝您生活愉快!

- **方法技巧**

1. 当客服发来投诉的时候,我们先要和客户道歉,安抚客户的情绪,并询问客户问题,把事情了解清楚,方便为客户解决问题。了解清楚事情的原由之后,还是要给客户道歉,缓和气氛,并跟客户解释清楚事情的情况以及跟客户协商解决的方案。

2. 如果客户不接受我们提供的方案,我们可以再给客户道歉并更换一种解决方案,并把事情的情况再次和客户说明清楚。有时候适当给点优惠,来安慰顾客心理的落差,效果还是不错的。

任务评价

通过本任务的学习,请按表8-3-1检查掌握的所学内容。

表8-3-1 售后客服话术模拟训练评分表

序号	鉴定评分点	分值	评分
1	掌握处理中差评的话术	30	
2	掌握处理退换货的话术	30	
3	掌握处理投诉的话术	40	

知识延伸

1. 售后处理投诉"三步曲"。
2. 售后客服5大话术。

以上知识延伸的内容可扫描二维码进行学习。

8-3-1 知识延伸

能力拓展

为了更好地应对客户的问题,请同学们根据以下两个情景选择一个进行对话。

情景设置1

好药师大药房旗舰店的客服小好,在处理客户评价时候,发现有一个客户给了差评,为了店铺的好评率,小好决定主动去找客户,让他把差评改为好评。于是打开旺旺,向客户发了条消息。

对话

客服小好:亲,您好,我是好药师大药房旗舰店的客服小好,您这边给了我们产品一个差评,请问您对我们产品有什么不满意?

买家:这个电子体温计给我感觉不是很好,我不喜欢。

客服小好：亲,您看我这边有两种解决方案:一是您把货退回给我们,给您换一款您喜欢的。二是您直接申请退货退款,货退给我们,我们把钱退给您,您看怎么样?

　　买家：我把货退给你,你不退我钱,怎么办?

　　客服小好：亲,我非常理解您的担心,但是淘宝是有规则的,我们不遵守规则,店是开不下去的。我们在旺旺上沟通的记录,您也可以把它留下来,如果您退货,我们不退钱,您可以去投诉我们。我们店不可能因您这一件产品,而亏损整个店铺,您说是吧?

　　买家：嗯,好的。我把货退给你,你把钱退给我。

　　客服小好：好的,没问题,您可以把差评删了吗?这个差评对我们影响很大。

　　买家：嗯,等钱退了,马上就改。

　　客服小好：好的,非常感谢。

情景设置 2

　　客服小好在休息时候发现,一位买家给他们店铺口罩产品一个差评,小好为了店铺的经营,准备给客户返现 10 元,让客户改差评为好评。于是他开始说服买家。

对话

　　客服小好：亲,您好,您在平台上说我们口罩质量不好,给了我们一个差评。对于给您带来的麻烦,我深感抱歉。但是我们是做小本生意,也不容易。您看这样吧,我给您退 10 元,您把差评删除可以吗?

　　买家：10 元太少了吧! 20 块吧。

　　客服小好：亲,我们这口罩本身价值也不高,利润也低,如果给您退 20,我们会赔钱,老板那边也不同意。您看您退让些,给您退 15,您看行吗?我也是打工的,希望您能体谅一下。

　　买家：好吧,那你转我支付宝吧

　　客服小好：好的亲,你把差评删了,我让财务给您转。

　　顾客：OK,没问题。

　　客服小好：谢谢您,您下次来我们店,我会给您会员最低折扣的。

　　买家：我已经删完了。

　　客服小好：好的,马上让财务给你转。

模块四
客户关系管理

越来越多的企业从最初利用大量表格对客户进行分析并记录客户信息,到今天转变为通过客户管理平台实现客户管理。客户关系管理可提高业务运作效率、降低成本、增加收入、保留客户,还能提高客户忠诚度,有助于拓展市场及挖掘客户的潜在价值。

良好的客户关系管理可以使企业获得强大的竞争优势,在同样的销售成本下可以保持较高的市场占有率。

本模块分别以淘系平台、京东平台为例,介绍店铺客户运营平台的使用及客户管理流程的步骤解析。

项目九　熟悉客户运营平台

客户是企业的根本,如何更好地管理客户是每个企业避不开的话题,而在当下这个信息技术飞速发展的时代,各个企业都在尝试新的技术来管理客户、发展自身。

随着客户关系管理(CRM)软件在国内的不断发展,大多数的企业都应用CRM软件来服务自己的企业,CRM客户关系管理系统能提升企业管理效率、大大降低销售运营成本、防止客户流失。

本项目将介绍淘宝客户运营平台与京东客户运营平台的常用功能。

任务一　熟悉淘宝客户运营平台

学习目标

1. 熟悉淘宝客户运营平台的功能板块。
2. 熟悉淘宝客户运营平台各个板块的功能使用。
3. 掌握利用客户运营平台进行老客营销方法，并能够独立操作。

任务描述

本任务将介绍客户运营平台的功能板块，主要讲解淘宝客户运营平台的使用，通过利用淘宝客户运营平台进行会员营销，帮助学生更好地掌握淘宝客户运营平台的使用。

任务分析

已成交老客户、未成交客户及潜在客户都是店铺的宝贵财富，对这些客户群体进行精准运营，能为店铺带来源源不断的利益，而借助淘宝客户运营平台能大大提高客户营销、服务及店铺运营效率，是与客户沟通和维护老顾客满意度的有效手段，掌握客户运营平台的使用是淘宝客服的必备技能之一。

任务准备

为了更好地达到实训目的，确保实训正常进行，需提前准备开通千牛工作台的淘宝店铺账号，并保证电脑设备及网络的正常使用。

任务实施

一、首页

登录千牛客户端后，如图9-1-1所示，点击导航栏的"客户运营"，即可进入淘宝客户运营平台。

淘宝客户运营平台首页可选择新版与旧版，可点击首页右上角的"返回旧版"进行切换，如图9-1-2所示。

项目九　熟悉客户运营平台

▲ 图9-1-1　千牛工作台界面

▲ 图9-1-2　点击可切换旧版

1. 旧版　旧版客户运营平台首页数据模块较为简洁,主要有运营概况及运营效果。

(1) 运营概况,如图9-1-3所示,运营概况中包含访客跳失率、访客支付转化率及老客活跃率。

▲ 图9-1-3　运营概况

访客跳失率:1天内,店铺浏览量为1的访客数/店铺总访客数,即访客总数中,只有1次浏览量的访客数占比。

访客支付转化率:当天支付买家数/当天访客数,即来访客户转化为支付买家的

9-3

比例。

老客户活跃率：30天内有过收藏店铺、收藏商品、加购、下单、询单且365天内有成交的客户数量/365天内有成交的客户数量。

除了显示店铺近期的数据外，运营概况还可显示与同行店铺的对比数据，其中，同行对比的等级主要参考以下指标。

同行较差：在同一级主营类目商家中排名60%以下。

同行良好：在同一级主营类目商家中排名60%~90%。

同行极好：在同一级主营类目商家中排名90%以上。

（2）运营效果，如图9-1-4所示，运营效果数据来源于生意参谋，其中，"商品详情"可查看选定的时间范围内的商品访客数、商品浏览量、平均停留时长、详情页跳失率、加购人数、收藏人数及支付人数，趋势分析可选择不同数据指标进行展示。

▲ 图9-1-4 运营效果数据

点击上方"店铺首页"，可查看由店铺主页带来的访客效果数据及店铺首页直接带来的成交效果数据，如图9-1-5所示。

▲ 图9-1-5 成交效果数据

点击上方"店铺整体",可查看店铺整体运营效果数据,如图9-1-6所示,除了常规数据外,店铺整体效果还可查看"访客平均价值",指的是:统计时间内,支付金额/访客数,即平均每个访客可能带来的支付金额。

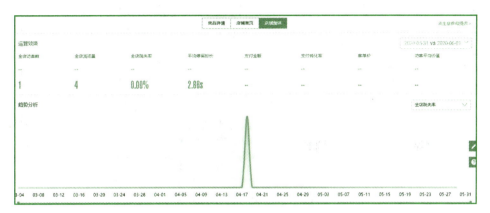

▲图9-1-6　店铺整体运营效果

2. 新版　新版首页加入了更多数据板块,如图9-1-7所示,商家成长、会员数据及渠道数据记录着店铺的会员情况,会员数据记录着店铺新老会员的优惠券领取数、使用数及优惠券引导的成交金额。

▲图9-1-7　新版首页

渠道数据则记录着各渠道带来的会员数据及会员优惠券的领取情况。根据不同开通条件,商家可选择开通渠道,不同渠道可在不同资源位进行会员注册的引导。

其次是360客户诊断,如图9-1-8所示,针对店铺老客、兴趣人群、复购人群及店铺会员在店铺的购买行为数据进行分析。

智能营销效果数据板块是针对店铺昨日、7天及30天智能营销效果的展示,点击活

▲ 图9-1-8　360客户诊断

动列表可切换到店铺智能营销计划列表。

老客户数据是针对店铺老客户成交数据进行统计,包括老客户成交人数占比与老客户成交金额占比数据。

二、客户管理

客户管理板块是针对店铺从已购客户到潜在客户的运营,包含客户列表管理与客户分群功能。

1. 客户列表　如图9-1-9所示,客户列表将店铺客户分为成交客户、未成交客户及询单客户3类群体:

▲ 图9-1-9　客户列表

① 成交客户指在店铺里有过交易行为，且订单状态是"交易成功"的买家；若订单是"买家已付款"或者"卖家已发货"的状态，需要等到交易成功之后，才会进入成交客户列表。

② 未成交客户是指拍下订单，后期交易关闭的买家；若订单是"买家已付款"或者"卖家已发货"的状态，需要等到交易关闭之后，才会进入未成交客户列表。

③ 询单客户指在买家在旺旺咨询时，客服对其打过标签的人才会进入询单客户列表。

如图 9-1-10 所示，在客户列表中可通过条件筛选，挑选出符合条件的客户，进行针对性营销。例如针对客户的分组、昵称、会员级别、交易额及交易时间等信息进行筛选，可得到条件内客户群体的客户信息、客户级别及交易情况。

▲ 图 9-1-10 筛选符合条件的客户

针对筛选结果，每页显示 20 条数据，并且可以选择勾选所有筛选出来的人进行优惠券或支付宝红包的发放（如果筛选出来的人数众多，建议再次缩小范围，精准投放）。

如果是发送优惠券，弹出来的窗口中选择优惠券模板，点击【确定】即可发送成功。

2. **客户分群** 客户分群表 9-1-11 是将店铺客户进行打标分类，例如系统推荐的重点运营人群分为兴趣人群、新客户人群及复购人群。

▲ 图 9-1-11 客户分群

（1）兴趣人群是近 3～10 天有加购或收藏行为，且近期没有购买加购或者收藏商品的客户。

（2）新客户人群是指近 720 天内只成交过一次，且此次成交在最近 180 天内。

（3）复购人群指的是买过店铺内复购率较高商品，且处于回购周期内的客户。

除了系统推荐的人群，商家也可根据个性化标签进行人群的新建，如图 9-1-12 所示，点击右上角"新建人群"。

▲ 图 9-1-12　新建人群

三、会员管理

会员管理记录了会员数据、店铺客户的忠诚度设置及会员权益。

1. 会员数据　如图 9-1-13 所示，会员数据包括商家成长、会员贡献、会员规模及会员活跃度四大板块，点击右上角"导出近 30 天会员数据"，可得到近 30 天，会员在店铺内的交易数据及活跃度等数据。

▲ 图 9-1-13　会员数据导出

（1）在"商家成长"中可查看店铺会员运营等级，会员运营等级是根据新会员礼包在线天数、专享礼券在线天数及会员优惠券的领取张数进行评定。如图 9-1-14 所示，会员运营等级为 1 级可以使用会员积分、店铺顶部菜单及购后入会功能，升级后加入了直播 X 会员及群聊 X 会员，扩大了商家获取会员的渠道。

▲ 图 9-1-14 会员运营权限

（2）如图 9-1-15 所示，会员贡献中可查看新老会员的优惠券领取及使用情况及优惠券引导的商品成交数据，渠道数据是各渠道招募的新会员情况。

▲ 图 9-1-15 会员贡献

如图 9-1-16 所示，在会员贡献中还可根据时间周期查看店铺在指定时间周期内的会员成交情况、会员成交趋势及店铺客户的复购情况。

▲ 图 9-1-16 指定时间周期内会员贡献数据

(3) 如图 9-1-17 所示,会员规模记录店铺整体会员增减情况,并记录一个月内店铺会员的入会/退会趋势曲线图。

▲ 图 9-1-17　会员规模

(4) 会员活跃度主要记录昨日活跃会员人数(统计周期内有本店加购商品、收藏商品、支付、领取会员权益任一行为的会员人数),及昨日活跃会员占比(统计周期内活跃会员人数/当前会员总数),如图 9-1-18 所示。

▲ 图 9-1-18　会员活跃度

2. 忠诚度设置　如图 9-1-19 所示,忠诚度设置包含 VIP 设置、无线端会员装修中心、新版无线端会员中心装修及会员入口管理。

VIP 设置是设置店铺的会员规则、会员等级及各等级对应的权益与升级条件等。如图 9-1-20 所示,设置普通会员的升级条件为交易额满 10 000 元或者交易次数满 200 次,即可享受指定商品 9 折的优惠。

项目九　熟悉客户运营平台

▲图9-1-19　忠诚度设置

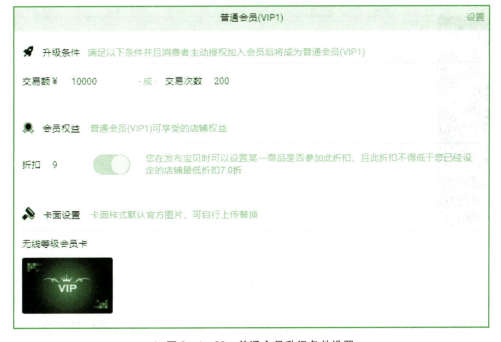

▲图9-1-20　普通会员升级条件设置

3. 会员权益　如图9-1-21所示,会员权益中可以设置会员的专享权益,包括会员活动及会员专享券。商家可通过会员活动设置新会员礼包及会员礼包,新会员礼包是为招募新会员而设置的专享优惠券包和入会礼,会员礼包是为会员入会后设置的专享优惠券。

例如新会员礼包的设置步骤如下：

步骤一：打开客户运营平台-权益管理,选择"会员权益",选择并点击"新会员礼包"功能,如图9-1-22所示。

步骤二：该页面可查看到当前已经配置的活动信息,选择"创建新活动"。

9-1-1
新会员礼包
设置

9-11

▲ 图 9-1-21　会员专享权益

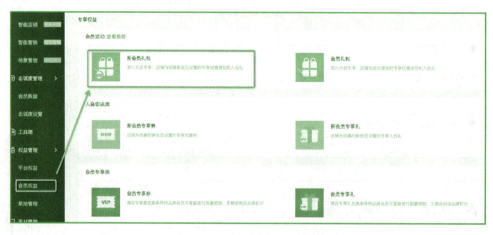

▲ 图 9-1-22　新会员礼包设置

步骤三：填入礼包名称、礼包有效期时间并选择相应的优惠券及填写相应的产品链接和产品数量。

步骤四：完成礼包信息编辑，并确认创建，即可从生效日起新注册会员可直接通过会员中心弹框直接领取该礼包内的全部权益。注意：出于消费者端玩法设计及稳定性的考量，采用抽奖体验玩法，非抽取礼包内的券或礼包，可全部获取权益。

四、运营计划

运营计划板块是针对店铺装修及店铺营销计划进行设置，包含智能店铺的设置、智能营销与场景营销。

1. 智能店铺　智能店铺包含个性化首页、定向海报及智能海报，商家可以通过智能店铺板块，利用千人千面对店铺进行个性化装修，如图 9-1-23 所示，装修后的店铺可根据买家的不同需求展示不同页面，精准匹配买家需求。

2. 智能营销　智能营销中包含短信营销、智能复购提醒及购物车营销。短信营销

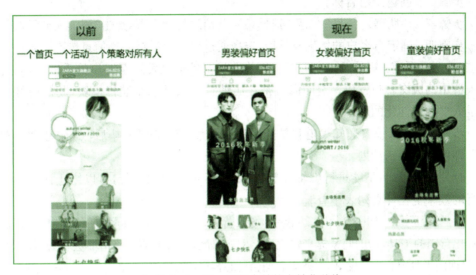

▲ 图9-1-23 智能店铺的个性化装修

是对指定人群进行优惠券、短信及定向海报营销。智能复购提醒是针对购买过店铺某些复购率较高商品的客户,在商品复购周期内,对这些客户通过消息盒子等方式推送商品复购提醒信息。而购物车营销是对加购人群,在手淘购物车进行限时活动提醒。

例如,最常用的短信营销,设置步骤如下。

步骤一:登录"客户运营平台",进入"智能营销"标签页,点击"短信营销"功能入口"立即创建"进入短信营销功能配置页面,如图9-1-24所示。

▲ 图9-1-24 创建短信营销

9-1-2
短信营销
设置步骤

步骤二：创建计划名称。

步骤三：在明确营销目的以后，选择想要营销的目标人群，点击"添加人群"按钮。

步骤四：确定给客户的优惠权益后，选择通过何种渠道把营销信息传递给客户。目前，支持两种渠道：短信及定向海报。短信会将营销信息发送至客户的手机上，只支持对人群中的成交客户发放。定向海报是在店铺首页放置一个装修模块，此模块可以对选定人群做个性化的展示。

步骤五：选择设置通知渠道和是否需要使用优惠券，设置完毕后，点击"创建运营计划"，即可创建营销计划。

计划启动以后，不能进行编辑和删除，如果不希望计划执行，可以终止计划。计划执行的效果也在计划列表中查看。

3. 场景营销 如图9-1-25所示，场景营销是针对店铺不同特征的客户，进行定向场景化营销的工具，帮助商家提高转化率。例如热度最高的"店铺高潜非会员人群"营销场景，可面向平台内有入会偏好，而非本店铺会员的客户，通过短信或者海报进行入会邀请。

▲ 图9-1-25 场景营销

五、工具箱

工具箱目前主要功能是素材管理与短信管理。

1. 素材管理 素材管理可以针对商家上传的素材进行统一管理，图库管理可装修店铺海报，模板管理可自定义智能海报模板。下面演示添加海报图库流程。

步骤一：如图9-1-26所示，打开客户运营平台，选择"素材管理"，点击右上角"＋添加海报图库"进行图库的自定义设置。

步骤二：挑选合适的模板，点击"使用此模板"。

步骤三：输入海报中的文案，可点击"预览文案"预览海报效果图，文案输入完成后，点击"下一步"。

9-1-3 素材管理

步骤四：海报模板设置完毕后，进行商品的选择，可通过商品关键词进行商品的查

项目九 熟悉客户运营平台

▲ 图9-1-26 添加海报图库

找,也可通过导入商品 ID 进行商品的选择。

步骤五:货品加权,保存并装修;设置加权后,点击弹框左边的"保存并装修"即可。

2. 短信管理　短信管理功能目前可以完成短信签名申请、短信充值、在兴趣人群营销中使用短信发送、查看短信充值及发送记录等功能。

(1)短信签名申请功能:商家在使用短信功能前,需要先进行短信签名的申请,在客户运营平台功能列表的最下方进入工具箱标签,如图9-1-27所示。

▲ 图9-1-27 短信签名申请

短信签名会显示在每条短信的开头,签名前后加上【】符号。在短信功能申请页面需要填写手机号码(用于接收产品更新、产品功能等信息),以及商家所申请的短信签名,如图9-1-28所示。

短信签名字数在3~8个字,可以是汉字,或汉字、英文及数字的组合,短信签名建议使用店铺名称,或者是与店铺名称及其所售商品相关的其他名称,不能仅仅使用品牌名作为签名,例如,不建议使用"好药师"作为签名,但是可以使用"好药师大药房旗舰

▲ 图 9-1-28　短信功能申请

店"作为签名。短信签名申请提交后,需要 5 个工作日左右完成审核。

（2）短信充值：如图 9-1-29 所示,短信签名审核通过后,需要先进行充值才能继续使用相应功能。短信充值可以选择固定充值条数,也可以选择其他数量,进行自定义条数充值。短信充值后,使用有效期为 2 年,到期即失效不可使用。短信充值后不支持退款。

▲ 图 9-1-29　短信充值

（3）短信功能的使用：短信充值成功后,即可在智能营销功能中的兴趣人群营销使用。可以在短信内容编辑处选择需要的模板,目前短信内容均为固定模板选择,暂不支持自定义编辑,如图 9-1-30 所示。

短信模板内会有不同的变量名,该变量在实际发送时会被替换为客户实际匹配的信息,例如{收货人姓名}变量,在实际发送时,发送给小明的短信,实际内容就为小明,发送给小红的短信,实际内容就为小红。

项目九 熟悉客户运营平台

▲ 图9-1-30 短信内容处选择模版

任务评价

通过学习本任务的操作,请按照表9-1-1检查掌握的所学内容。

表9-1-1 熟悉淘宝客户运营平台操作评价表

序号	鉴定评分点	分值	评分
1	熟悉客户运营平台工具界面操作	20	
2	能独立使用客户运营平台对店铺人群进行个性化分群	40	
3	能独立设置店铺会员权益	40	

知识延伸

1. 智能复购提醒设置流程。
2. "会员优先购"操作流程。

以上知识延伸内容,请扫描二维码学习。

9-1-4
知识延伸

能力拓展

客户运营平台操作训练 熟悉客户运营平台各个功能的使用,对店铺近1年的客户进行自定义分群,并针对自定义分群的客户群体设置差异化的营销短信推送,将分群的操作过程与营销短信的设置制作成文档提交。

网店客户服务与管理

任务二 熟悉京东客户运营平台

学习目标

1. 熟悉京东客户运营平台的功能板块。
2. 熟悉京东客户运营平台各板块的功能使用。
3. 掌握利用客户运营平台进行老客营销方法,并能够独立操作。

任务描述

客户维护方法是客服必须掌握的,如今客服除了打字聊天,维护会员客户也是近几年不断更新的一种运营模式。营销店铺新老客户已不再局限于运营岗位的工作,本任务将学习京东客户运营平台的使用,并掌握各板块的功能用途。

任务分析

传统的客户运营重心在于寻找客户需要什么产品服务,并以产品为中心去销售;而新的运营模式是通过专门的客户运营软件去收集分析客户的需求,获取更多的客户数据进行判断。因此,需要借助京东客户运营平台,以提高客户营销、服务及店铺运营效率,从而为店铺带来更大收益,掌握客户运营平台的使用是京东客服的必备技能之一。

任务准备

1. 保证电脑设备及网络的正常使用。
2. 准备开通京麦工作台的京东店铺账号。
3. 准备开通京客通服务插件。

任务实施

一、进入客户运营平台

商家需在京麦服务市场中搜索"京客通"并且订购工具,订购完成后,有两种方式可以进入京客通用户运营平台。

项目九　熟悉客户运营平台

方法一：网页登录商家后台，选择营销中心进入客户运营平台。如图9-2-1。

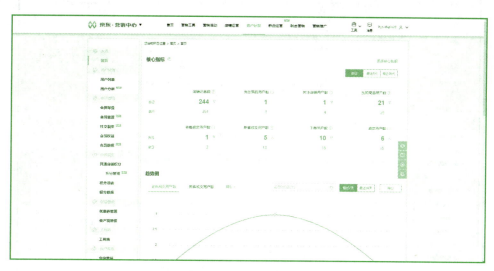

▲ 图9-2-1　网页登录后台

方法二：登录京麦工作台后，进入商家后台，点击顶部"营销中心"中的"用户营销"模块，然后选择"客户运营"即可进入客户运营平台。如图9-2-2、图9-2-3所示。

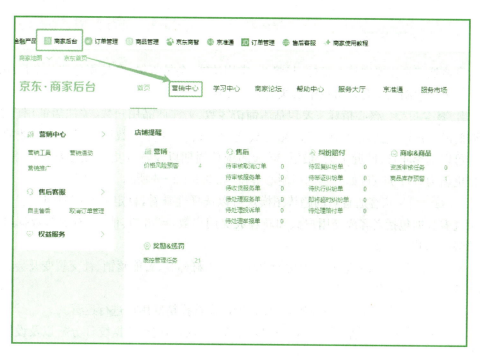

▲ 图9-2-2　京麦商家后台

9-19

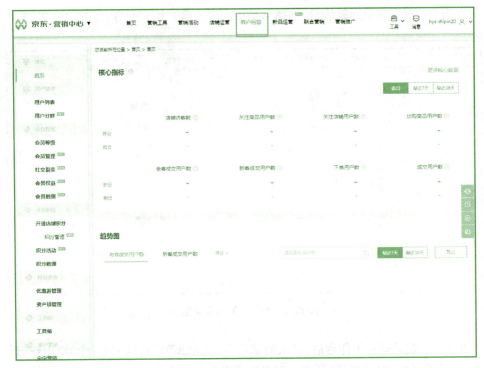

▲ 图9-2-3 营销中心客户运营界面

二、京客通首页

京客通首页主要由核心指标、趋势图、常用功能、会员等级、会员积分这几个模块组成。接下来会阐述京客通首页中模块的大致作用。

1. 核心指标　核心指标主要包括店铺访客数、关注商品用户数、关注店铺用户数、加购商品用户数、老客成交用户数、新客成交用户数、下单用户数以及成交用户数的数据。可以选择昨日、最近7天、最近30天的统计周期以及选择更多核心数据的查看。数据更新为每日11点，如有延迟需耐心等待，如图9-2-4所示。

2. 趋势图　京客通首页的趋势图模块可以选择性查看，自定义对应时间查看。其中可查看数据包括老客成交用户数和新客成交用户数，点击"其他"还有更多数据可呈现趋势图，如图9-2-5所示。

3. 常用功能　京客通的常用功能模块包括人群标签、智能营销、社交裂变及会员中心。这4个功能的作用如下。

（1）人群标签：用户人群设置，可以帮助商家选择精准用户进行运营。

（2）智能营销：店铺营销设置，可以对京东平台店铺进行数据统计分析以及设置精准营销。

（3）社交裂变：社交活动设置，针对设置社交互动裂变玩法，促进粉丝会员的活跃度并且提升转化。

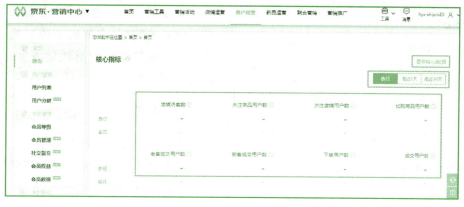

▲ 图9-2-4 首页核心指标

▲ 图9-2-5 趋势图模块

（4）会员中心：会员管理设置，负责建立品牌会员体系，常用功能界面。

4. 会员等级　会员等级模块能够使商家查看店铺的会员等级分布人数，其中包括会员等级、会员人数以及占比的数据表如图9-2-6所示。

▲ 图9-2-6 会员等级列表

5. **会员积分** 会员积分功能可以查看积分发放数据，主要展示商家给会员的积分发放量和积分消耗量数据，如图9-2-7所示。

▲ 图9-2-7 会员积分

三、用户管理

用户管理板块是针对店铺从已购客户到潜在客户的运营，包含客户列表管理与客户分群功能。

1. **用户列表** 用户列表将店铺客户区分出以下数据：会员名称、会员级别、交易笔数、平均客单价、上次交易时间、下单终端以及营销屏蔽，最后还可以对会员进行操作查看。如图9-2-8所示。

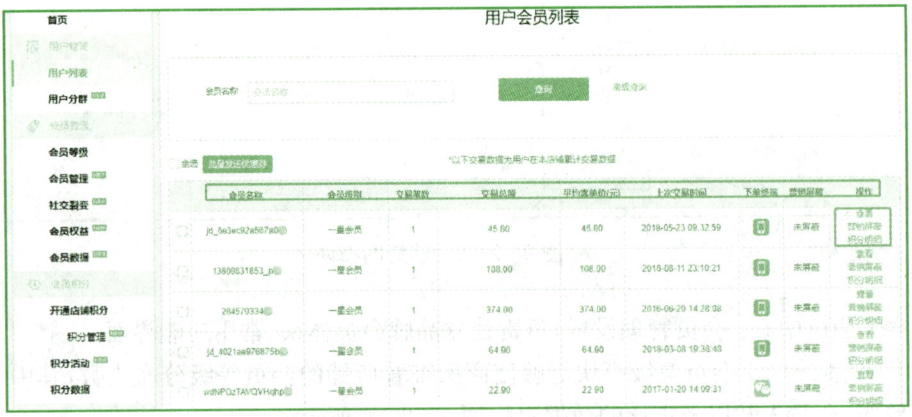

▲ 图9-2-8 用户会员列表

在用户列表中可通过高级查询，挑选出符合条件的用户进行针对性营销。例如，针对用户的会员级别、昵称、交易总额及交易时间等信息进行筛选，可得到筛选条件内会员群体的用户信息、用户级别及交易情况。如图9-2-9、图9-2-10所示。

针对筛选结果，每页显示10/20/30/50/100条数据，并且可以选择勾选所有筛选出来的人进行优惠券的发放（如果筛选出来的人数众多，建议再次缩小范围，进行精准投放）。如图9-2-11所示。

如果是发送定向优惠券，弹出来的页面窗口中输入活动名称，确认目标人群，设置店铺东券，点击【发放】即可发送成功。如图9-2-12所示。

2. **用户分群** 用户分群是将店铺客户进行分类，例如系统推荐的重点运营人群分为新客人群、高价值人群、高短信响应度人群及促销推荐人群。这4种人群的含义解读如下。

（1）新客人群：近90天有过浏览、关注店铺但是从未有过购买的用户。

项目九　熟悉客户运营平台

▲ 图9-2-9　用户会员高级查询

▲ 图9-2-10　客户列表筛选功能

（2）高价值人群：依据用户在店铺最近一次购买时间距现在时间间隔、订单数、订单总金额、客单价等维度，基于RFM模型分析用户对于店铺的价值。

（3）高短信响应人群：用户范围：对该用户群体在活动期间的加购、浏览、下单行为数据进行分析。

（4）促销推荐人群：根据大促销期间的订单占比及预约预售分析。

除了系统推荐的人群，商家也可根据个性化标签进行人群库的新建，如图9-2-13所示，点击右上角"新建人群"。

9-23

全选 批量发送优惠券 *以下交易数据为用户在本店铺累计交易数据

会员名称	会员级别	交易笔数	交易总额	平均客单价(元)	上次交易时间	下单终端	营销屏蔽	操作
jd_6e3ec92a567a0	一星会员	1	45.80	45.80	2018-05-23 09:32:59		未屏蔽	查看 营销屏蔽 积分明细
jd_4021ae976875b	一星会员	1	64.90	64.90	2018-03-08 19:36:48		未屏蔽	查看 营销屏蔽 积分明细
wdNPQzTAVQVHqhp	一星会员	1	22.90	22.90	2017-01-20 14:09:31		未屏蔽	查看 营销屏蔽 积分明细
80268907-182862	一星会员	1	14.20	14.20	2017-06-19 14:38:51		未屏蔽	查看 营销屏蔽 积分明细
jd_4fac305874a78	一星会员	1	79.80	79.80	2016-11-09 17:07:27		未屏蔽	查看 营销屏蔽 积分明细
jd_7b3b1d3b2e211	一星会员	1	22.90	22.90	2018-01-03 15:29:05		未屏蔽	查看 营销屏蔽 积分明细
tongwang1998	一星会员	1	39.90	39.90	2017-05-31 18:10:37		未屏蔽	查看 营销屏蔽 积分明细
jd_7dfe802b69a34	一星会员	1	42.90	42.90	2018-01-12 22:56:04		未屏蔽	查看 营销屏蔽 积分明细
t9938dg	一星会员	1	44.90	44.90	2018-07-28 16:51:13		未屏蔽	查看 营销屏蔽 积分明细
18862344795_p	一星会员	1	82.80	82.80	2018-08-14 06:50:23		未屏蔽	查看 营销屏蔽 积分明细

共 86293 条 < 1 2 3 … 8630 > 10 条/页 跳至 1 页 跳转
10 条/页
20 条/页
50 条/页
100 条/页

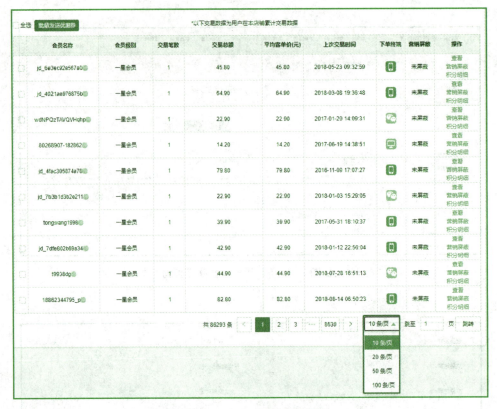

▲ 图 9－2－11　筛选结果界面

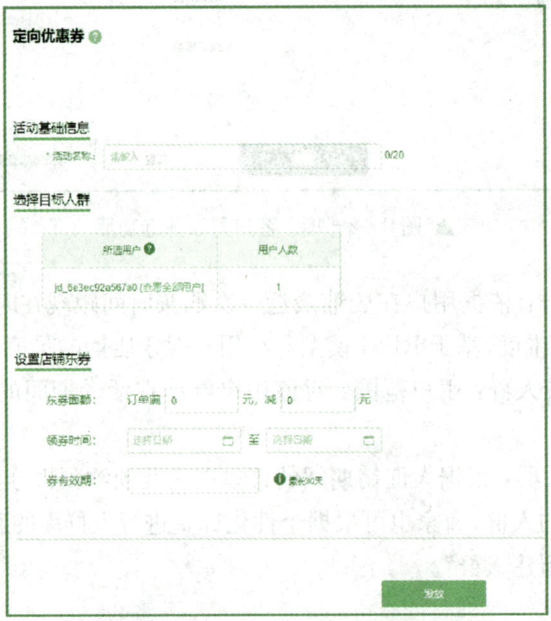

▲ 图 9－2－12　创建定向优惠券

▲ 图9-2-13 新建人群

四、会员管理

会员管理主要记录了会员权益、会员等级、页面装修及会员数据粉丝。

1. **会员权益** 会员权益可以管理会员权益、维护会员资料，单击即可进入会员中心，会员中心包括会员信息和会员权益两个功能。

（1）会员信息：根据条件筛选查询会员信息，查询得出客户的昵称、手机号码、是否开卡及最后参与店铺活动时间等信息。同时还可以对该会员进行查看信息、信息修改、积分日志及变更积分等操作。如图9-2-14所示。

▲ 图9-2-14 会员信息分析

（2）会员权益：会员权益模块可创建及管理店铺会员的权益，权益可以操作的包括开卡礼包、新人优惠券、会员优惠券、会员折扣、会员专享价、开卡礼包及更多权益。这些权益的大部分作用在于对店铺产品的引流和复购。不同的权益引流和复购的方式也不同，接下来以新人优惠券的创建为例进行展示。如图9-2-15所示。

▲ 图9-2-15 会员权益界面

新人优惠券顾名思义就是主要针对店铺还未加入会员的新用户所创建的专属优惠券,目的在于将新人快速转化为店铺会员,能够引流和提高店铺会员数量。点击"创建"后来到"创建新人优惠券"的界面,填写优惠券信息后点击【保存并创建】即可完成操作。如图9-2-16所示。

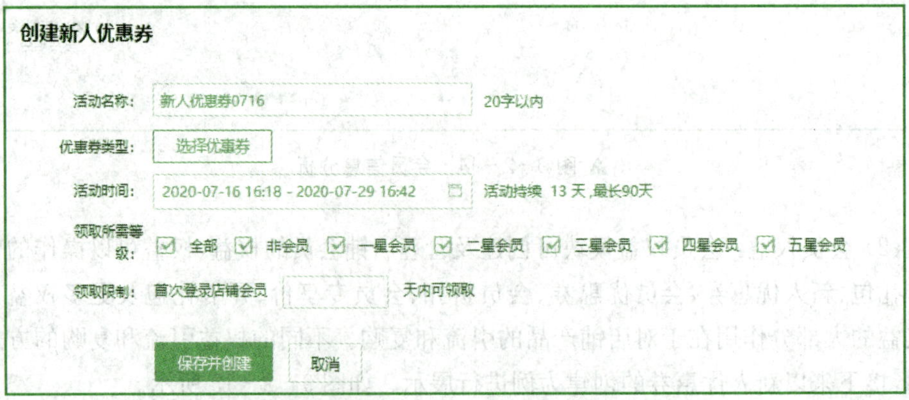

▲ 图9-2-16 创建新人优惠券

2. 会员等级 店铺会员等级需要开启状态,然后设置入会方式及设置会员卡基础信息填写,最后填写会员名称和等级达成条件,如交易额满 2 000 或交易次数 10 可成为店铺二星会员。最后点击【提交】完成会员等级设置。如图 9-2-17 所示。

▲ 图 9-2-17 会员等级设置

3. 数据分析 数据分析分为 3 个部分,即流量分析、奖品分析及买家分析。如图 9-2-18 所示。

▲ 图 9-2-18 数据分析中 3 个板块

(1) 流量分析:流量分析页面商家可查看昨日流量数据以及近期数据的统计图,其中主要包括会员中心首页(PV)、会员中心首页(UV)、增粉数量、开卡人数、开卡页跳失人数、开卡率、会员复购率、开卡下单率。针对这些数据,商家能够分析店铺的会员流量问题并做出针对性的优化措施。如图 9-2-19 所示。

(2) 奖品分析:奖品分析分为统计图和统计表两个形式,其中可供商家查询的包括店铺优惠券、京豆、实物、专享价及店铺积分。选择统计时间范围后点击右边的【查询】即可。如图 9-2-20 所示。

(3) 买家分析:买家分析数据支持导出,只需点击右边的【导出数据】即可。根据时间筛选查询指定时间段中的数据,商家可查看买家所参与活动的类型、名称以及参与时

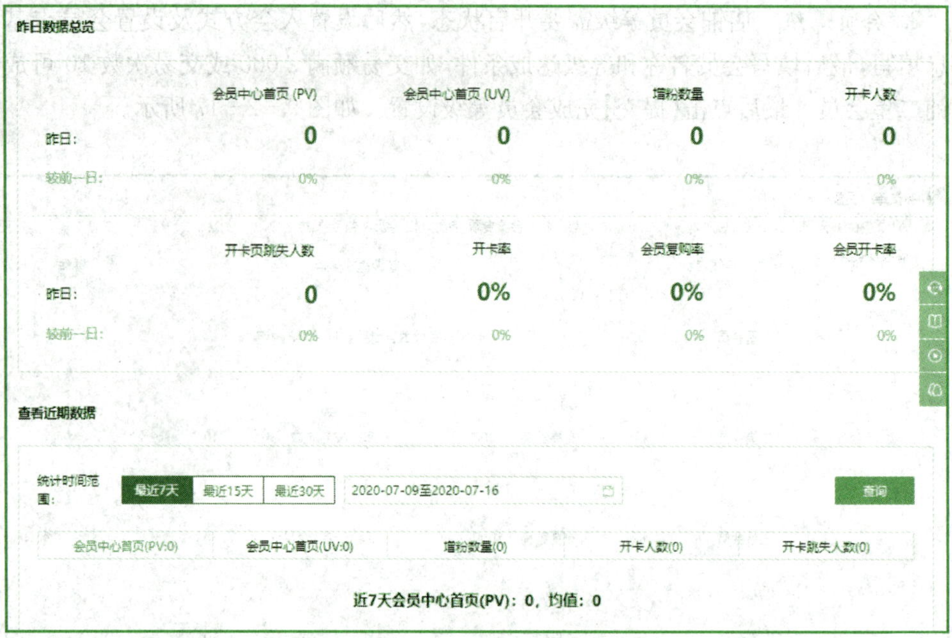

▲ 图9-2-19 流量分析页面

▲ 图9-2-20 奖品分析界面

间。如图9-2-21、图9-2-22所示。

4. 页面装修　页面装修是为商家调整店铺会员中心页面的布局和展示样式而存在的功能，它能将店铺会员页面改变成更具个性化的风格。

例如，常见的会员中心页面装修设置步骤如下。

步骤一：进入会员管理-页面装修界面，找到装修模板，点击编辑，如图9-2-23所示。

▲ 图 9－2－21　买家分析导出数据

统计表　　查询结果：共计 10 人

买家账户	活动类型	活动名称	参与时间
A	每日抢好礼	每日抢	2019/09/04 21:39
城	每日抢好礼	每日抢	2019/09/04 21:26
w	每日抢好礼	每日抢	2019/09/04 21:25
w	每日抢好礼	每日抢	2019/09/04 21:17
s	集卡	集卡有礼实物测试	2019/08/27 13:47
s	集卡	集卡有礼实物测试	2019/08/27 11:58
	集卡	集卡有礼实物测试	2019/08/27 11:55
V	加购商品有礼	加购有礼	2019/08/22 17:11
A	关注店铺有礼	关注店铺	2019/08/22 12:02
城	关注店铺有礼	关注店铺	2019/08/22 12:01

共 10 条　1　10 条/页　跳至 1 页

▲ 图 9－2－22　买家分析统计表

▲ 图 9－2－23　装修模板

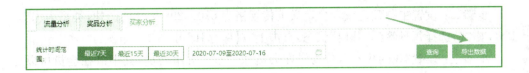

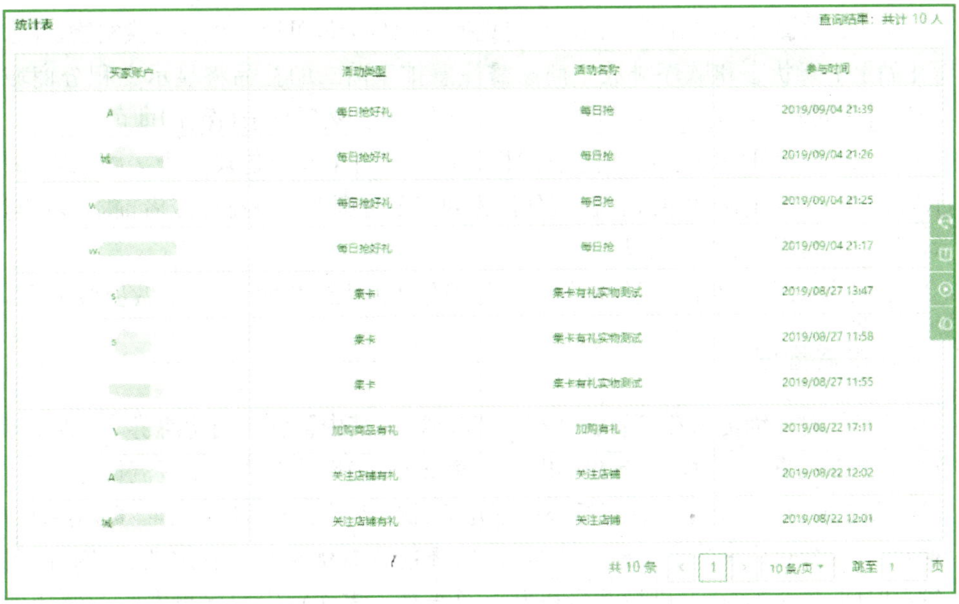

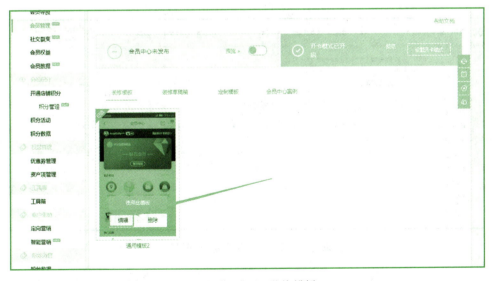

9-2-1 会员中心页面装修步骤

步骤二：设置主题颜色或者自定义上传规格为670×298尺寸的图片，类型为JPG、PNG格式，选择每日签到"开启"状态，点击上方【保存】即可。

步骤三：设置"我的权益"，分为潜在会员和一星至五星会员，其中潜在会员可以更改名称、图标、显示状态以及排序，点击保存即可。

步骤四：设置积分任务和积分乐园，可以更换为自定义图片，自定义上传的图片规格为160×160尺寸，类型为JPG、PNG图片，点击【保存】即可。

步骤五：设置"积分兑换"，点击"热门兑换"板块，会员可通过积分兑换实物，商家可编辑礼品上下架状态和顺序排放。商家需注意排序前二的礼品将显示在积分商城页面，礼品排序同时影响着关联会员中心首页和列表页。然后点击【保存】即可。

步骤六：在会员中心主菜单中选择"积分任务"，自定义上传尺寸为750×240的图片，JPG、PNG类型的图片格式。在积分任务列表中可调整任务排序或者前端显示与不显示，然后点击【保存】即可完成。

由于积分乐园与积分商城的操作步骤与积分任务大致相同，此处不做步骤演示。

五、权益管理

权益是针对店铺优惠券发放管理和资产项管理，其中包含定向优惠券、店铺优惠券与自营的外部优惠券、京豆、专享价、积分、京豆E卡、爱奇艺会员和京豆流量包。

1. 优惠券管理 优惠券管理板块可创建店铺优惠券、创建商品优惠券及添加外部优惠券。在此板块商家除了创建优惠券以外，还能查看优惠券的有效期、面额/使用条件、发券时间、优惠券总量、已发数量以及汇总统计。需注意定向优惠券为营销活动中的专属优惠券，在活动流程中才可创建使用。如图9-2-24所示。

▲ 图9-2-24 优惠券管理界面

2. 资产项管理 资产项管理中包含京豆、专享价、积分、京东E卡、流量包、爱奇艺会员以及京豆PLUS会员。

（1）京豆：京豆需官方充值，100 京豆/1 元，它与淘宝的淘金币作用相似，用于抵扣京东网站订单的现金使用。

（2）专享价：专享价和店铺满减活动、优惠券同时生效，除价格优惠还可创建专享价奖品。

（3）积分：开通过积分后，合理设置积分规则能帮助店铺会员提高重复购买。

（4）京东 E 卡：可购买京东自营商品的电子卡，商家可配置相应营销活动，计划开始时间需在当前时间 5 分钟后。面值为 1、5、20、50、100 元。

（5）流量包：用于手机上网流量资费抵扣的手机流量包，买家累计到一定数额即可提取到手机使用。

（6）爱奇艺会员：独家授权的爱奇艺视频会员权益，商家可配置于抽奖、关注、加购等互动活动和会员积分兑换活动。目前，类型包括黄金 VIP 年卡、半年卡、季卡、月卡 4 类。

（7）京东 PLUS 会员：京东 PLUS 会员是京东向核心客户提供的会员特权服务，商家可将其配置在抽奖、关注、加购和店铺会员中心积分兑换环岛中。以激活码的方式发放到买家京东账户中。

六、工具箱

工具箱目前主要功能是商家短信管理。使用短信管理功能可以完成短信签名备案、短信充值、查看短信充值及发送记录等操作。

1. **短信签名备案** 商家在使用短信功能需要先进行短信签名的备案，若商家从未创建过短信签名，官方自动创建与商家店铺名称相同的签名，在工具箱界面选择短信签名备案板块，如图 9-2-25 所示。

▲ 图 9-2-25 短信签名备案

商家只需点击页面中的"修改签名"即可更改签名内容,需注意短信签名需要与店铺名称相同或相近,且短信签名不得包含"京东""京东云""京东金融""京东到家""拍拍""易迅""京东支付""1号店"及其他特殊字符,否则无法审核通过,如图9-2-26所示。

▲ 图9-2-26 修改签名

短信签名字数在8个字内,可以是汉字,或汉字、英文及数字的组合,短信签名建议使用店铺名称,或者是与店铺名称及其所售商品相关的其他名称,不能仅仅使用品牌名作为签名,例如,不建议使用"好药师"作为签名,但是可以使用"好药师大药房旗舰店"作为签名。

短信签名申请提交后,需要2个工作日左右完成审核。

2. **短信充值**　短信签名审核通过后,需要先进行充值才能继续使用相应功能。短信充值可以选择微信支付,也可以选择对公转账,进行自定义条数充值。短信充值后,使用有效期为2年,到期即失效不可使用。短信充值后不支持退款。如图9-2-27所示。

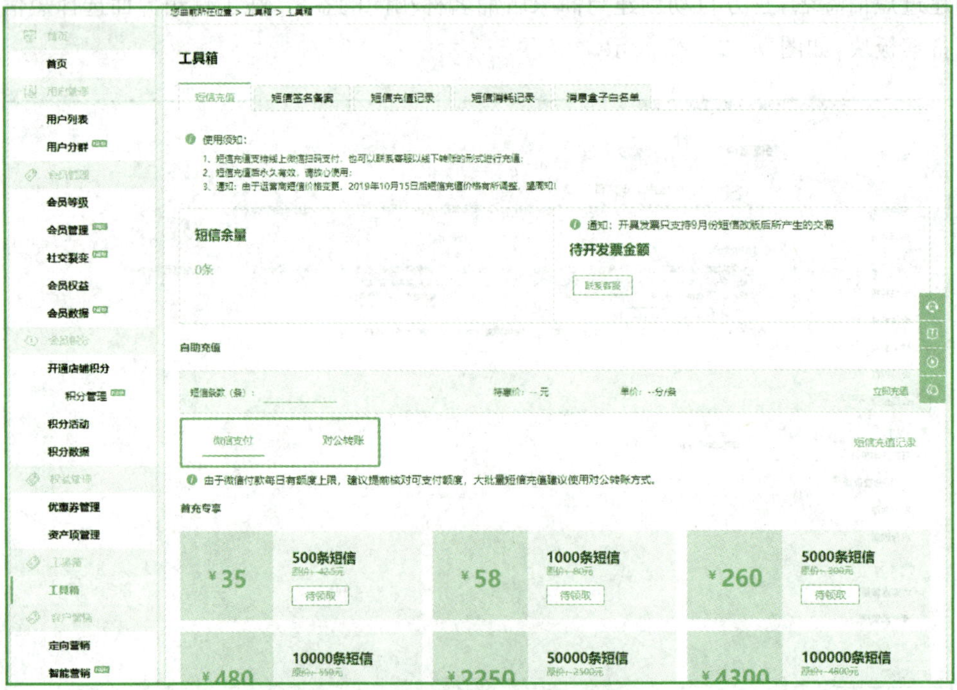

▲ 图9-2-27 短信充值-微信支付

3. 短信充值记录 短信充值成功后,即可在短信充值记录界面查看,根据时间和状态筛选,右边点击查询即可获得短信的充值记录,如图9-2-28所示。

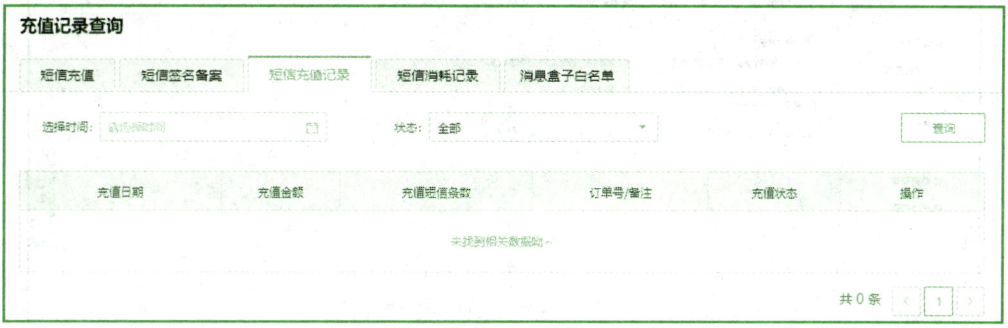

▲ 图9-2-28 短信充值记录查询

4. 短信消耗记录 短信消耗记录板块中的消耗记录数量显示短信时间消耗量,统计时间为3天后显示。分为短信类型和短信发送总量。商家可根据发送时间和短信类型筛选查询记录,如图9-2-29所示。

▲ 图9-2-29 短信消耗记录

5. 消息盒子白名单 消息盒子白名单的作用在于商家可指定通知手机号,但申请该功能商家需要满足粉丝量超过10万人,上个月或申请当月发文量超过20条,并且平均素材UV高于同行一级品类的平均值,如图9-2-30所示。

▲ 图 9-2-30　消息盒子白名单

七、客户营销

客户营销板块主要分为定向营销和智能营销两种客户营销方式。

1. **定向营销**　定向营销指商家可以把营销方向针对选定的人群用户，功能包含定向优惠券和购物车营销。接下来会逐个介绍这些功能的管理和创建界面。

（1）定向优惠券功能：对选定人群创建专属店铺东券，优惠券会在创券成功的用户"京东 App-我的-优惠券-待领取优惠券列表"中展示。

1）管理方法：找到客户营销板块-定向营销-定向优惠券-管理，然后可输入查询条件，如活动名称、活动编号、活动状态、活动时间，最后点击【查询】即可。如图 9-2-31 所示。

2）创建方法：找到客户营销板块-定向营销-定向优惠券-创建，然后填写活动基础信息、选择目标人群、设置店铺东券、设置短信触达，最后点击【发放】即可。如图 9-2-32 所示。

（2）购物车营销功能：商家对部分加购用户在购物车页面进行优惠券消息推送，来提高被加购商品的成交量。

1）管理方法：找到客户营销板块-定向营销-购物车营销-管理，然后输入查询条件，如活动名称、活动编号、活动状态、活动时间，最后点击【查询】即可。如图 9-2-33 所示。

2）创建方法：找到客户营销板块-定向营销-购物车营销-创建，然后填写活动基础信息、选择营销商品、设置上面所选商品的优惠券，最后点击【提交】即可。如图 9-2-34 所示。

项目九 熟悉客户运营平台

▲ 图 9-2-31 定向优惠券筛选查询

▲ 图 9-2-32 创建定向优惠券方法

▲ 图 9-2-33 查询购物车营销

▲ 图 9-2-34 创建购物车营销

2. 智能营销　智能营销板块是京东新推出的一个客户营销功能，它相比定向营销覆盖的功能面更广。例如，消息盒子、营销短信、微信公众号营销、首页智能投放。接下来解读智能营销板块的功能。

（1）消息盒子

1）消息盒子入口：商家后台-用户营销/我的服务-京客通-智能营销-消息盒子。

2）查询方法：输入营销主题和消息标题，点击查询商家就能查看，发布的消息信息。例如营销主题、消息标题、消息主题、创建时间、预计触达人数/实际触达人数以及数据统计等信息。店铺每天最多发布 1 条，每月最多发布 15 条，不允许多渠道发送。如图 9-2-35 所示。

▲ 图 9-2-35　消息盒子查询方法

3）创建方法：在消息盒子界面点击右侧的"新建营销计划"，然后输入营销主题和简介，选择"人群和权益"，接着选择触达的渠道，最后点击"创建营销计划"即可完成。如图 9-2-36、图 9-2-37 所示。

▲ 图 9-2-36　消息盒子的营销计划

（2）营销短信

1）营销短信入口：商家后台-用户营销/我的服务-京客通-智能营销-营销短信。如图 9-2-38 所示。

▲ 图 9-2-37 创建消息盒子的营销计划

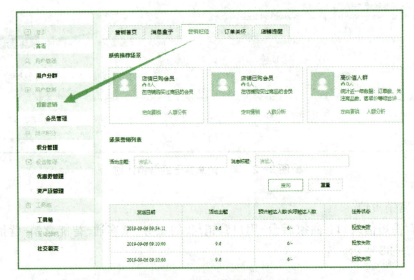

▲ 图 9-2-38 营销短信入口

2) 查询方法：在场景营销列表输入活动主题、消息标题，然后点击【查询】，商家能查看场景营销计划列表，其中包括发送日期、活动主题、预计触达人数/实际触达人数、任务状态、可操作功能。

选择一个活动主题，在操作区点击查看效果，能够查看活动的整体效果以及每日数据，如预计触达人数、下单人数、触达率（点击人数/触达人群总数）、PV 数据等。如图9－2－39 所示。

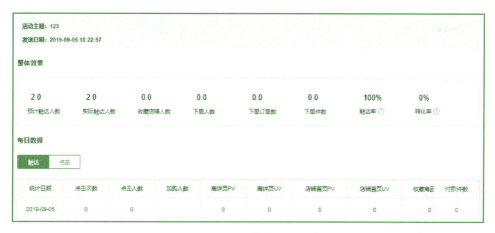

▲ 图9－2－39　场景营销活动的效果查看

3) 创建营销计划方法：在营销短信界面的右边点击"新建场景营销"，场景营销信息填写，包括营销主题、选择人群、选择权益（优惠券）、选择触达渠道，最后点击"创建营销计划"即可。如图9－2－40 所示。

(3) 微信公众号营销：微信公众号营销与营销短信的营销活动创建方法大致相同，这部分不做过多演示，但商家授权微信公众号需要了解以下使用须知：①用户需进行公众号粉丝-京东账号匹配后才可以进行人群画像划分及公众号消息分群发送；②由于腾讯侧每个月仅允许 50 个公众号做自动匹配，因此一键匹配功能仅允许 10 万以上粉丝的公众号使用；③模板消息发送频率过多、发送内容营销性过强，都会导致公众号腾讯封号，其次，系统会控制每个用户每天，仅可收到某个公众号 1 条模板消息。

微信公众号营销界面，如图9－2－41 所示：

(4) 首页智能投放

1) 入口：商家后台-用户营销/我的服务-京客通-智能营销-首页智能投放。

2) 创建方法：以图片热区海报投放活动为例，选择右侧"开始创建"。

步骤一：输入活动名称，方便商家区别。如图9－2－42 所示。

步骤二：选择新建场景（一个活动最多添加 6 个投放场景），自定义场景名称，然后编辑投放内容。点击上传图片，尺寸为宽 1 125×高（210～1 440）范围内的图片，且大小不超过 500 kb 的 JPG 或 PNG 格式。图片上传后点击编辑热区。

9－2－2
首页智能
投放步骤

▲ 图9-2-40 创建定向营销计划

▲ 图9-2-41 微信公众号营销界面

▲ 图 9-2-42 活动信息填写

步骤三：创建或选择现有的人群。最多可选择 3 个人群。

步骤四：设置活动有效期，然后自定义楼层标题，在店铺装修中显示，最后保存或投放即可。

八、粉丝运营

粉丝运营主要分为粉丝数据、粉丝分层、店铺卡片、粉丝专享这 4 个模块。

1. **粉丝数据** 粉丝数据模块中包含大盘数据和经营分析，从粉丝数据解读至运营分析，通过数据和统计图带给商家更加直观的粉丝数据分析。如图 9-2-43 所示。

▲ 图 9-2-43 粉丝数据

2. 粉丝分层 粉丝分层的功能，能够辅助商家圈选组合的粉丝人群，总共分为以下4个步骤。

步骤一：增粉不变现，运营两行泪，粉丝要细分投放才精准，所以首先确定粉丝人群价值模型，如购买能力、粉丝关系、购买诉求，如图9-2-44所示。

9-2-3 粉丝分层

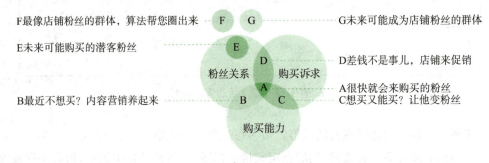

▲ 图9-2-44 确定粉丝人群价值模型

步骤二：圈选添加购买诉求标签。
步骤三：圈选购买能力标签，如土豪、高级白领、小白领、蓝领、收入很少人群。
步骤四：得出人群分层结果的标签，根据算法给出的建议策略和预估人数，商家选择投放。

3. 店铺卡片 配置店铺卡片，可设置时间、店铺活动、店铺互动工具，最后点击【保存】即可，如图9-2-45所示。

▲ 图9-2-45 配置店铺卡片

4. 粉丝专享　粉丝专享,商家可设置粉丝专享价,为店铺粉丝人群提供专享权益,非本店粉丝用户关注店铺后即可享受优惠价。

查询方法:筛选活动编号、活动月度,点击查询即可看到粉丝专享的活动,可查看开始时间、结束时间以及活动状态。如图9-2-46所示。

▲ 图9-2-46　粉丝专享活动查询

九、互动营销

互动营销主要分为签到有礼、店铺礼包、新人有礼、收藏有礼、裂变优惠券、购物车红包、爆品红包、精准营销、活动推广这九种营销方式。

1. 签到有礼　签到有礼,能够提高用户到店频次,提升用户黏性,提高店铺转化。其中连续签到功能,用户只需连续签到或者累计签到天数符合条件即可获得对应奖励,提高粉丝活跃度和黏性;抽奖功能,商家可提前设置奖品,不同级别的产品设置不同的中奖概率,粉丝积极参与抽奖活动,能够增强粉丝与商家的互动性,最终达成转化。如图9-2-47所示。

▲ 图9-2-47　签到有礼

签到有礼的创建方法：填写活动基本信息选择活动模式为店铺抽奖或连续签到，输入活动名称和活动起止日期；选择签到渠道为 PC、移动端，最后设置签到页面的样式即可完成获得创建。

2. 店铺礼包 店铺礼包是商家为特定人群设置多奖项礼包，当特定人群进店铺时，在店铺首页会弹出奖项礼包，若用户为未关注店铺用户，领取礼包的同时关注店铺；若用户为已关注店铺人群，直接领取礼包。如图 9-2-48 所示。

9-2-4
创建店铺礼包

▲ 图 9-2-48 店铺礼包

店铺礼包即关注有礼，大部分商家会设置"未关注店铺人群"，通过奖项提高店铺粉丝数。店铺礼包可以为店铺增加粉丝，是商家常用的一款引流工具。

礼包创建方法：以官方工具创建为例，进入创建界面后，填写活动信息，如活动名称、活动时间、选择目标人群、设置礼包奖项（POP 商家）。

3. 新人有礼 最近 270 天内在店铺内没有购买过任何商品的用户被定为店铺新人。新人有礼主要目的在于促进店铺新用户快速下单完成首次购买，帮助商家提升店铺新人的转化率。如图 9-2-49 所示。

4. 收藏有礼 收藏有礼指用户收藏店铺即可获得商家设置的礼品，在活动期间内只能创建一个活动，该功能可促进新用户关注店铺，成为店铺新粉丝。

通过使用收藏礼包覆盖购物流程的多个场景，帮助卖家建立店铺和粉丝的初次关

▲ 图9-2-49 新人有礼

联,将自然流量沉淀到店铺内,为后续的店铺信息触达用户打好基础。另外,收藏有礼工具提供具有传播能力的拓展玩法——邀请礼包,商家可以通过设置额外的邀请礼包来激励店铺已有粉丝为店铺邀请更多的新粉丝量,用户完成任务后可获得对应礼包奖项,在提高粉丝运营能力的同时,也能为店铺沉淀更多的粉丝。

5. 裂变优惠券　裂变优惠券针对社群,利用社交属性、私域流量进行流量传播和裂变,借助分享引爆社交流量。分为主券＋子券,分享者收到裂变优惠券只需分享3人即可领取主券,被分享者通过好友分享领到子券并进入店铺,使用子券下单。

裂变优惠券的价值为高转化(主券核销率最高可达63%)、高分享(主态分享率35%、客态转主态24%)、高召回(人均分享引流7,最高7.1,1人分享带7人回流活动)、强裂变(活动最终流量是初始流量的2.5倍)。

裂变优惠券的查询界面如图9-2-50所示:

▲ 图9-2-50 裂变优惠券

任务评价

通过本任务的操作学习,请按照表 9-2-1 检查掌握的所学内容。

表 9-2-1 熟悉京东客户运营平台操作评价表

序号	鉴定评分点	分值	评分
1	熟悉客户运营平台工具界面操作	20	
2	能独立使用客户运营平台对店铺人群进行个性化分群	40	
3	能独立设置店铺会员权益	40	

 知识延伸

1. 用户分群的创建流程。
2. 爆品红包的使用说明。

以上知识延伸内容,请扫描二维码学习。

9-2-6 知识延伸

 能力拓展

客户运营平台操作训练 设置店铺会员等级 1 至等级 5 的要求及等级名称,并创建店铺入会卡片。最后创建以下至少 1 种互动营销方式:签到有礼、店铺礼包、新人有礼、收藏有礼、裂变优惠券。

模块四
客户关系管理

项目十　熟悉客户管理流程

客户是一家店铺的重要资源,做好客户管理有利于店铺的口碑传播、提高网店的复购率以及与客户有更多的交流互动。通过对客户进行分类管理,并针对不同人群设置定向营销是网店客服的一项重要工作,保持并发展与客户的长期关系,双方越相互了解、信任,客户购买行为越容易实现,并且可以节约客户开发成本和时间。

本项目将以淘宝客户运营平台为例,通过客户管理以及智能营销管理2个任务的学习来介绍客户管理流程。

任务一 客户管理

学习目标

1. 熟悉淘宝客户管理的功能板块。
2. 熟悉客户列表的设置操作流程。
3. 掌握客户分组管理设置流程并能够独立操作。
4. 掌握支付宝红包设置流程并能独立操作。
5. 掌握客户分群的人群新建设置流程并能独立操作。

任务描述

熟悉客户管理流程是网店运营过程中一个非常重要的环节。为了更好地熟悉客户管理流程,本任务将通过客户管理流程进行客户分组管理及定向营销,帮助学生更好地掌握淘宝客户运营平台的使用。

任务分析

客户管理对于一家网店来说非常重要,它可以帮助网店客服更好地了解客户的属性,对客户的属性了解越清楚,在客户服务过程中就能够越精准。网店客服进行客户管理能充分利用好客户资源,通过与客户交流、互动建立一种长期的友好关系。在本任务学习过程中需要特别注意的是,要对客户进行合理地分组管理,这有利于后续的营销维护能够更加有效。

任务准备

1. 准备开通千牛工作台的淘宝店铺账号。
2. 保证电脑设备及网络的正常使用。

项目十 熟悉客户管理流程

一、客户管理

客户管理处理得好坏直接影响着店铺的经营发展,在提升回头客的同时,还能给网店增加新的客源。客户管理板块是针对店铺从已购客户到潜在客户的运营,包含客户列表管理与客户分群功能。

1. 客户列表 客户列表将店铺客户分为成交客户、未成交客户及询单客户3类群体。

(1) 客户列表设置流程

步骤一:登录千牛卖家工作台,点击"客户运营平台"进入该页面,如图10-1-1所示。

10-1-1
客户列表设置流程

▲ 图10-1-1 客户运营平台首页

步骤二:点击"客户管理"模块中的"客户列表"功能,可以看到店铺客户分为3个类别,分别是成交客户、未成交客户及询单客户。

步骤三:点击"成交客户",通过条件筛选,挑选出符合条件的客户,进行针对营销。例如,针对客户的分组名称、客户昵称、会员级别、交易额及交易时间等信息进行筛选,可得到条件内客户群体的客户信息、客户级别及交易情况。

步骤四:经过筛选后,每页可以显示20条数据,并且可以选择勾选所有筛选出来的客户进行优惠券/支付宝红包的发放。

(2) 分组管理设置:分组管理针对店铺内的客户做组别细分,便于后期商家能够更好地进行客户管理和维护。

步骤一:进入"客户运营平台",点击"客户列表"-"分组管理",如图10-1-2所示。

10-1-2
分组管理设置步骤

▲ 图 10-1-2 点击分组管理

步骤二：进入该页面后，可对已创建好的分组进行管理，也可选择"新建分组"，最多可设置 100 个分组。

步骤三：填写分组名称，选择分组方式。分组方式为仅创建名称手动打标。

步骤四：设置好分组之后，可以针对这些人群做定点营销活动。

步骤五：同时，根据客户列表中的数据，商家可查看到具体某个客户的详情。例如，了解了一个客户的详情后，可为该客户选择分组，勾选该客户，点击"添加分组"，选择其中一个分组即可。

（3）支付宝红包设置：支付宝红包是全网通用的，但仅允许在淘宝、天猫、聚划算等平台使用，不允许购买虚拟商品。商家针对部分人群发放支付宝红包是给予最有效的客户关怀，以最直接、实在的权益进行客户关怀，提升客户对店铺的认可与黏性。

步骤一：登录千牛卖家工作台，点击"店铺营销工具"，选择"权益中心"进入该页面，如图 10-1-3 所示。

10-1-3
支付宝红包设置步骤

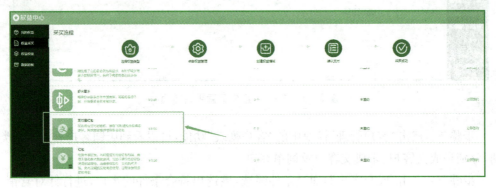

▲ 图 10-1-3 支付宝红包设置入口

步骤二：点击"立即签约"，首次进入的商家需要签署法务协议，法务协议的时效性为 1 年，1 年后需要重新签署，仔细阅读支付宝红包协议，完成后勾选"我已认真阅读并同意该协议"，点击【确定】。

步骤三：签约成功后，进入创建支付宝红包模板。

步骤四：创建一个红包模板，请务必仔细阅读红包使用规则，自定义红包面额 1～499 元；确认一下红包的个数和金额，即可创建红包模板。

步骤五：登录支付宝，完成扣款，红包模板即创建成功。

步骤六:红包模板创建好后,可以在客户列表中去圈定想发送红包的人群,向他们定向发送红包,首先要进行客户筛选。

步骤七:勾选客户,点击【送支付宝红包】即可。

2. 客户分群 客户分群是将店铺客户进行打标分类,目的是给不同的客户群体给予特定的营销推广方法,以提升店铺的综合转化率,从而提升营业额。系统推荐的重点运营人群分为兴趣人群、新客户人群及复购人群。除了系统推荐的人群,商家也可根据个性化标签进行人群的新建。

步骤一:进入客户分群页面,点击右上角的"新建人群",如图10-1-4所示。

▲ 图10-1-4 点击新建人群

10-1-4
客户分群
步骤

步骤二:自定义人群标签可根据人口属性、地域特征、用户关系、店铺行为、交易行为及策略人群进行标签的选定,点击"立即圈选人群"。

步骤三:商家根据店铺需要,将选中的标签拖动至标签框。

步骤四:针对选定的标签还可进行个性化设置,针对无访问店铺的标签人群可选定一定时间周期内,没有访问过本店铺的消费者。或者针对加购物车商品的客户人群,可将具体某款商品的加购作为筛选条件。

步骤五:设置好的人群标签可在自定义人群标签中进行查看,还可进行编辑或删除。

通过学习本任务的操作,请根据表10-1-1检查自己掌握的所学内容。

表10-1-1 淘宝客户管理操作评价表

序号	鉴定评分点	分值	评分
1	熟悉客户列表及分组管理的设置流程并能独立操作	20	
2	掌握支付宝红包的设置流程并能独立操作	40	
3	掌握客户分群的新建人群的设置流程并能独立操作	40	

知识延伸

1. 如何做好淘宝客户管理,给店铺带来99%的复购率?
2. 实施客户关系管理的意义。

以上知识延伸内容,请扫描二维码学习。

能力拓展

为了更好地熟悉客户管理设置流程,请你根据所学知识完成以下操作。

1. 为店铺客户人群设置分组,根据交易数据自动打标。
2. 设置好支付宝红包模版,勾选1~2个客户分组人群发送支付宝红包。
3. 为店铺客户进行打标分类的操作。

项目十 熟悉客户管理流程

任务二 智能营销管理流程

 学习目标

1. 了解淘宝客户运营平台的智能营销功能。
2. 熟悉智能营销功能的使用场景。
3. 掌握上新老客提醒功能,并能够独立操作。
4. 掌握优惠券关怀使用功能,并能够独立操作。
5. 掌握自定义营销使用,并能够独立操作。

 任务描述

店铺在进行客户管理时,往往会针对不同的客户人群设置定向营销。为了使营销策略更具有针对性,本任务为学习客户运营平台的智能营销管理,并掌握其设置步骤。

 任务分析

客户运营平台除了对客户人群进行管理的基础功能外,还可对店铺新老客户进行针对性营销,本任务以实操为主,主要介绍客户运营平台的智能营销功能,通过上新老客提醒功能、优惠券关怀、自定义营销及定向海报的实操介绍,帮助学生掌握使用客户运营平台进行客户营销的方法。学习本任务要注意实操步骤的演示,掌握实操步骤,最终能独立完成精准营销的操作。

 任务准备

1. 准备开通千牛工作台的淘宝店铺账号。
2. 保证电脑设备及网络的正常使用。

 任务实施

一、优惠券关怀

使用"客户运营平台优惠券发送"功能,必须先订购淘宝优惠券功能,否则不能使用

10-7

优惠券功能。针对选定的人群，进行优惠券的推送，优惠券将直接推送到客户的卡券包中，同时新增短信通知功能。创建步骤如下。

步骤一：登录客户运营平台，进入智能营销标签页，点击"优惠券关怀"功能入口"立即创建"进入优惠券功能配置页面。如图10-2-1所示。

10-2-1
优惠券关怀
操作步骤

▲ 图 10-2-1　智能营销页面

步骤二：打开创建页面后，填写运营计划名称，商家可随意命名。

步骤三：选择发送人群。

步骤四：选择要发送的优惠券，如果还没有设置过，可以新建优惠券。

步骤五：选择投放人数，基于前面已经选择的人群，此处可以拖拉选择最终要投放的人数，可以给策略命名，以便后面查看投放效果。

步骤六：可设置是否选择短信通知。由于优惠券关怀的优惠券是直达消费者卡券包，但没有任何提醒，因此，针对这一缺陷，平台新增了支持对优惠券发送成功的消费者进行短信触达的功能。

步骤七：点击"创建运营计划"，确认创建活动。

二、上新老客户营销

上新老客提醒是客户运营平台全新推出的智能营销功能，可以在上新期间，针对对新品感兴趣的客户进行营销召回，提升新品转化，累计销量。创建步骤如下。

步骤一：计划创建，如图10-2-2所示，进入智能营销板块，可以看到上新老客提醒功能。

上新老客提醒是系统提供的一个算法人群，客户运营平台利用阿里大数据能力，根据最近7天第一次上架的商品，圈选出那些对新品感兴趣、最有可能购买新品的人群。

项目十 熟悉客户管理流程

▲ 图 10-2-2 智能营销板块

10-2-2
上新老客提
醒创建步骤

商家可以针对这部分人群进行新品营销。

若系统选定的上新提醒人群人数较多，但商家的营销预算有限，不希望对如此大的群体做营销，那么可以使用"投放部分人群"的功能，在上新人群中对合适的人群数量进行再次锁定。

步骤二：针对上新人群选择权益，如果希望给上新人群定向优惠，刺激转化，可以进行优惠券发送。

需要注意的是，优惠券单日发送的最大限额为 5 万张（与兴趣人群和自定义营销共用），在选择优惠券的时候需要注意人群数量、优惠券有效期，并且不要在多个营销计划中重复使用同一张优惠券发送，以免发送失败，影响后续短信投放。

步骤三：选择投放通道。上新人群为店铺有历史成交的客户，全部可以通过短信触达，在选择投放渠道时，有两种渠道可以选择：短信和定向海报。可以同时设置，也可以只选择其中之一。

步骤四：点击"立即创建"，则计划创建成功，在计划列表里可以查看。

步骤五：计划创建后，计划执行的第二天可以查看效果数据。

三、自定义营销

精准营销是 CRM 的必备能力，客户运营平台的短信营销是自定义营销的常用功能，通过短信营销可灵活圈选人群，通过访问、收藏、加购标签的筛选，能自定义营销人群。创建步骤如下。

步骤一：登录客户运营平台，进入智能营销标签页，点击"短信营销"功能入口"立即创建"进入短信营销功能配置页面。如图 10-2-3 所示。

步骤二：创建计划名称并选择人群。

在明确营销目的以后，选择想要营销的目标人群，点击"添加人群"按钮。可以选择

10-2-3
自定义营销
创建步骤

▲ 图 10-2-3　智能营销板块

一个系统默认的推荐人群,也可以自己重新创建一个人群。假设我们这次希望对于那些已经很久没在店铺有过购买,但是最近又有来过店铺的这群客户进行影响,将他们挽回。

步骤三:点击"新建人群",利用 3 个条件圈选出我们需要的人群:店铺历史上(720天内)有过购买,但是最近 90 天没有购买并且最近 30 天有加购,这 3 个条件组成了我们想要的人群,给这个人群命名为"重点流失人群"。

人群保存后,这个人群会出现在自定义人群列表里,选中【确定】。就完成了人群创建和选择的过程。

人群添加好以后,会在编辑页面看到人群的人数,人群中的所有人都可以进行优惠券和定向海报营销,人群中有历史成交的用户可以进行短信营销。

步骤四:选择转化渠道和是否需要使用优惠券。

确定给客户的优惠权益后,选择通过何种渠道把营销信息传递给客户。目前,支持两种渠道:短信及定向海报。短信会将营销信息发送至客户的手机上,只支持对人群中的成交客户发放。定向海报是在店铺首页放置一个装修模块,此模块可以对选定人群做个性化的展示。

步骤五:人群、权益和渠道都设置完成后,设置好策略名称,点击"创建运营计划",整个营销计划就创建完成了。

计划启动以后,不能进行编辑和删除,如果不希望计划执行,可以终止计划。计划执行的效果也在计划列表中查看。

四、定向海报

定向海报就是通过设置不同人群策略,达到对不同人群在店铺首页展现不同的内容(如优惠券、商品图等)的效果,进而提升访客转化率。

1. 优势

(1) 千人千面,定向海报支持多条人群策略,实现对不同客户人群进行精准营销,提升转化。

(2) 操作成本低,卖家设置完后线上就生效,即使大促来袭,也可直接进行海报更换。

(3) 应用场景丰富,支持优惠券、活动海报等模式。

2. 创建步骤

步骤一:登录客户运营平台,选择"智能店铺"的菜单栏,选择"定向海报",如图10-2-4所示。

10-2-4 定向海报创建步骤

▲ 图10-2-4 智能店铺页面

步骤二:选择人群,卖家可以选择系统推荐人群,也可以自定义人群。

步骤三:设置海报内容。

注意:目前定向海报支持优惠券和活动海报两个模式,优惠券模式下只能选择全网买家领取的公开券,若要实现定向人群的优惠券可选择"活动海报",具体操作如下。

(1) 优惠券设置步骤:打开营销中心后台,先设置一张优惠券,推广方式"买家领取",领券形式"全网买家可领",同时点击"需要不公开的优惠券链接"。

申请不公开优惠券链接后,圈内的文案会变,点击【保存】即可。

完成创建后,点击复制优惠券链接。

设置海报内容,添加图片,跳转链接填写刚复制的优惠券链接,即可完成定向优惠券(海报尺寸640×214)。

(2) 活动海报设置:登录无线运营中心—店铺装修—装修手机淘宝店铺,将活动海报的模块装修到旺铺中去,由于该模块是针对定向人群,用于刺激转换,因此把模块放在首页1屏的位置,效果会更好。

选择首页,点击编辑页面后进入页面编辑器,将定向模块拖至店铺首页核心位置,保存即可(特别说明:定向海报在旺铺中的模块名称为"定向模块")。

通过学习本任务的操作,请根据表10-2-1检查自己掌握的所学内容。

表10-2-1 智能营销管理操作评价表

序号	鉴定评分点	分值	评分
1	能独立完成店铺的优惠券关怀的设置	10	
2	掌握上新老客提醒功能的使用及定向海报	20	
3	能独立设置店铺的自定义营销	20	
4	了解定向海报的优势及其两种类型	20	
5	能独立完成定向海报的设置	30	

利用客户运营平台维系老顾客,提升店铺权重。请扫描二维码学习。

10-2-5 知识延伸

客户运营平台操作训练 熟悉客户运营平台各个功能的使用,并使用不同营销方式对店铺近1年的成交客户、未成交客户及潜在客户进行针对性营销,将不同营销的操作步骤编辑成文档提交。

附录 APPENDIX

课程标准

一、课程名称

网店客户服务与管理。

二、适用专业及面向岗位

适用于电子商务相关专业,主要面向电商客服岗位。

三、课程性质

本课程立足于电商网店运营,通过对网店客户及客服工作流程的分析,结合丰富理论知识,帮助学生掌握电商店铺客户服务与管理技巧,并以好药师实际店铺数据为例,通过实际案例演示,使学生对本课程知识能融会贯通,充分掌握知识点。通过课堂任务实施及课后能力拓展训练,提高学生理论与实际相结合的能力,为学生日后的电商客服岗位打好基础。

四、课程设计

(一)设计思路

本课程以培养电商客服人才为主线,通过客服工作流程及电商平台的使用讲解,使学生了解网店客服的基本知识。通过大量案例分析演示,遵循学生的认知规律和能力培养规律,结合实际工作过程以培养学生网店客服客户服务与管理的能力,并能利用所学知识指导实际工作,具备解决实际问题的能力。

(二)内容组织

通过学习本课程的内容,学生能够掌握网店客服日常工作过程中所涉及的电商平台规则、必备的专业知识和能力、常用工具的使用。通过售前、售中及售后 3 个阶段下的客服沟通技巧的学习,使学生能独立面对并处理客户提出的不同问题。再通过客户运营平台的介绍,使学生熟悉客户运营平台各功能模块的使用,掌握客户关系管理流程。最后通过案例的实际分析,培养学生电商客服相关岗位的适配能力,全面掌握网店客户服务与管理。

五、课程教学目标

（一）知识目标

1. 掌握客服必备的专业知识和能力。
2. 掌握淘宝与京东平台客服常用工具的使用。
3. 掌握淘宝千牛工作台的功能设置流程。
4. 掌握京东京麦工作台的功能设置流程。
5. 掌握网店客服售前、售中及售后阶段的沟通技巧。
6. 掌握网店客服售前、售中及售后的话术模拟训练。
7. 掌握淘宝及京东的客户运营平台各功能板块。
8. 掌握客户管理的流程。
9. 掌握智能营销管理的设置。

（二）能力目标

1. 能够运用客服必备的专业知识完成日常工作。
2. 能够使用千牛及京麦工作台进行客户服务与管理的功能设置。
3. 能够熟练使用不同的沟通技巧处理客户问题。
4. 能够利用客户运营平台进行老客营销等客户关系管理的设置。
5. 能够使用优惠券关怀及自定义营销对老客进行营销维护。
6. 能够根据不同的实际案例分析出客户的心理且采取正确的方法应对。

（三）素质目标

1. 具备认真负责的职业素养。
2. 具备岗位要求的良好职业道德素质。
3. 具备较强的责任意识和服务意识。
4. 具备善于分析客户问题并提出处理问题方法的专业素质。
5. 具备良好的沟通能力和文字表达能力。

六、参考学时与学分

参考学时：48 学时，参考学分：3 学分。

七、课程结构

序号	学习任务（单元、模块）	项目名称	知识、技能、态度要求	教学活动设计	学时
1	网店客服基础	熟悉网店客服的基础知识	1. 了解京东平台和淘系平台的相关规则入口，掌握京东和淘系平台所对应的规则并能熟练应用 2. 了解与网店相关的行业知识、店铺产品信息、安全知识以及物流知识，掌握网店的一般交易流程，掌握顾客的心理分析，并能通过实际案例分析出顾客的心理且采取对应的方法应对	1. 讲授 2. 实操演示 3. 知识延伸 4. 能力拓展	5
		熟悉客服常用工具的使用	1. 熟悉千牛工作台的下载安装，掌握千牛工作台的常用设置，掌握卖家中心的各项功能使用，能独立并快速地在千牛平台上传商品，掌握赤兔魔盒的使用 2. 熟悉京麦工作台的下载安装，掌握京麦工作台的常用模块设置，掌握京麦咚咚的授权及打开方法，掌握咚咚客服精灵的使用		
2	网店客服工作流程	淘宝客服工作流程	1. 熟悉使用千牛平台添加好友及分组的流程步骤，掌握自动回复、快捷短语、保存消息记录、过滤骚扰信息的设置步骤；熟悉千牛机器人的设置，掌握千牛平台团队设置的操作步骤 2. 熟悉千牛平台建群，掌握使用千牛平台给买家打标签的操作步骤，并能通过使用千牛平台对买家进行分级管理 3. 掌握使用千牛平台设置物流，并能通过千牛平台设置物流运费模板的操作步骤 4. 掌握使用千牛平台手动及自动催付、核对订单内容、给订单添加备注、修改订单地址以及修改订单价格的方法 5. 学会使用千牛平台打印快递单号的方法；掌握千牛平台发货、查询物流状态以及查找订单的方法 6. 掌握使用千牛进行订单退换货以及订单评价的操作	1. 讲授 2. 实操演示 3. 知识延伸 4. 能力拓展	21
		京东客服工作流程	1. 熟悉使用京麦平台添加好友及分组的流程步骤，掌握自动回复、快捷短语、保存消息记录的设置步骤；掌握京麦机器人的设置 2. 熟悉京麦平台建群，掌握使用京麦平台给买家打标签的操作步骤，并能通过使用京麦平台对买家进行分级管理 3. 掌握使用京麦平台设置物流，并能通过京麦平台设置物流运费模板的操作步骤 4. 掌握使用京麦平台手动及自动催付、核对订单内容、给订单添加备注、修改订单地址以及修改订单价格的方法		

(续表)

序号	学习任务（单元、模块）	项目名称	知识、技能、态度要求	教学活动设计	学时
			5. 学会使用京麦平台打印快递单号的方法；掌握京麦平台发货、查询物流状态以及查找订单的方法 6. 掌握使用京麦平台进行订单退换货以及订单评价的操作		
3	网店客服沟通技巧	售前客服沟通技巧	1. 熟悉客服在介绍产品时沟通的技巧，掌握介绍产品时的沟通流程实操 2. 熟悉消除客户疑虑的沟通技巧，掌握处理消除客户疑虑沟通流程的实操 3. 熟悉客服应对客户讲价时沟通的技巧，掌握应对讲价沟通实操流程	1. 讲授 2. 实操演示 3. 知识延伸 4. 能力拓展	14
		售中客服沟通技巧	1. 熟悉客服处理物流问题的技巧，掌握处理物流的沟通流程 2. 熟悉网店退换货处理流程，掌握退换货处理沟通的技巧		
		售后客服沟通技巧	1. 熟悉网店中差评的客户沟通技巧，掌握处理中差评的沟通实操 2. 熟悉客服处理投诉沟通的技巧，掌握处理投诉的沟通处理流程		
		客服话术模拟训练	1. 通过具体案例熟悉客服开场白话术，掌握客服介绍产品的话术、消除顾客疑虑以及如何应对顾客讲价的话术训练 2. 通过具体案例掌握顾客修改地址、店铺订单追回、异常物流问题处理以及电话沟通的话术训练 3. 通过具体案例掌握处理中差评、退换货以及顾客投诉的话术训练		
4	客户关系管理	熟悉客户运营平台	1. 熟悉淘宝客户运营平台的功能板块，掌握淘宝客户运营平台各板块的功能入口及使用方法，并能利用客户运营平台进行老客营销等客户关系管理的操作 2. 熟悉京东客户运营平台的功能板块，掌握京东客户运营平台各板块的功能入口及使用方法，掌握利用客户运营平台进行老客营销的方法	1. 讲授 2. 实操演示 3. 知识延伸 4. 能力拓展	8
		熟悉客户管理流程	1. 熟悉淘宝客户管理的各功能板块，学会客户列表的设置操作流程，掌握客户分组管理设置流程并能够独立操作，并能通过设置支付宝红包进行客户管理，掌握客户分群的人群新建设置流程并能独立操作 2. 了解淘宝客户运营平台的智能营销功能，熟悉智能营销功能的使用场景并掌握上新老客提醒功能的操作，掌握优惠券关怀使用教程以及自定义营销使用，并能够独立操作		
4	合计				48

八、资源开发与利用

（一）教材编写与使用

遵循职业教育的原则与特点，根据电子商务专业人才培养要求与培养计划，校企合作选用、编写符合电子商务专业教学发展的总体思路、符合学生认知规律、能够与本专业的培养目标相吻合的教材内容。采用企业岗位案例为主内容丰富的模块化项目式的新型活页式教材，增加教学趣味性，既满足学生的学习需求，又符合教师教学使用要求。

（二）数字化资源开发与利用

校企共同开发利用教学课件、微课、视频等教学资源，让学生可利用校企共同开发的学习软件，手机移动端进行在线学习、答疑、知识考核评价等。

（三）企业岗位培养资源的开发与利用

利用企业资源，满足学员岗位实践的需要，根据企业产品和性质制定项目化教学内容，并关注学员职业能力的发展和教学内容的调整。

九、教学建议

本课程为校企共同完成课程，企业导师发挥主体作用，主要采用案例教学、现场教学、任务训练、岗位实践等形式，重点培养学生电商平台常用工具使用的能力、客户沟通能力以及客户关系管理的能力。学校导师以集中教学形式讲授网店客服基础、网店客服工作流程、网店客服沟通技巧与客服关系管理的知识，教学内容紧密联系电子商务行业日常工作要求，注重责任服务、职业素养的培养。

十、课程实施条件

导师团队应具电子商务教学和行业背景，有行业一线客服相关工作经验，熟悉本课程教学内容，技术先进，设施齐全，可满足学生操作项目训练要求。

十一、教学评价

校企共同制定教学评价方案，采取阶段性评价和目标评价，理论知识评价与实践技能评价相结合，企业、学生、客户、导师共同评价，学生作品的评价与知识点考核相结合，并融入在岗位工作环境中考核学生的实操能力（业绩考核）。加强评价结果的反馈，更好地改善学生的学习态度，有效地促进学生的职业发展。

考核方式主要采用任务完成情况考核、业绩考核等，考核内容由校企双导师共同确定。

网店客户服务与管理

▲ 图附录 1-1 "网店客户服务与管理"课程结构图

图书在版编目(CIP)数据

网店客户服务与管理/张雪荣,徐艳主编. —上海:复旦大学出版社,2020.8
电子商务专业校企双元育人教材系列
ISBN 978-7-309-15184-8

Ⅰ.①网… Ⅱ.①张…②徐… Ⅲ.①网络营销-教材 Ⅳ.①F713.365.2

中国版本图书馆 CIP 数据核字(2020)第 128974 号

网店客户服务与管理
张雪荣 徐 艳 主编
责任编辑/张志军

复旦大学出版社有限公司出版发行
上海市国权路 579 号 邮编:200433
网址:fupnet@fudanpress.com http://www.fudanpress.com
门市零售:86-21-65102580 团体订购:86-21-65104505
外埠邮购:86-21-65642846 出版部电话:86-21-65642845
上海四维数字图文有限公司

开本 787×1092 1/16 印张 16.75 字数 360 千
2020 年 8 月第 1 版第 1 次印刷

ISBN 978-7-309-15184-8/F·2717
定价:48.00 元

如有印装质量问题,请向复旦大学出版社有限公司出版部调换。
版权所有 侵权必究

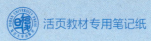

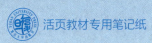

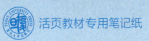